COMME UN AIR DE *Cendrillon*

La success story d'une influenceuse partie de rien

34-36, rue La Pérouse
75116 Paris
www.hugoetcie.fr

Ouvrage dirigé par Clément Ronin
Graphisme de couverture : Marion Rosière
Mise en page : Nord Compo
Photo de couverture : © Hout KOV
Autres photos : © Émilie Nef Naf

ISBN : 9782755686968
Dépôt légal : avril 2021
Imprimé en France par CPI Brodard et Taupin - N° d'impression : 3043288

ÉMILIE NEF NAF

COMME UN AIR DE *Cendrillon*

La success story d'une influenceuse partie de rien

PRÉFACE DE
STÉPHANIE CLERBOIS

Hugo Doc

Sommaire

Préface

La première fois que j'ai vu Émilie, nous étions à un concours de beauté, Top Model Belgium. Je me souviendrai toujours de cette magnifique robe rouge qu'elle portait avant de monter sur le podium. Elle lui allait tellement bien. Dans les coulisses, tout le monde regardait la robe, et Émilie aussi !

Je ne sais pas comment l'expliquer, mais cette fille a un truc en plus que les autres n'ont pas. Son rire, sa bonne humeur, son dynamisme ainsi que son charisme attiraient toute mon attention. C'est vraiment le style de copine que je voulais avoir. Et, de ce fait, on a très vite sympathisé, on ne s'est plus lâchées durant tout ce concours.

Malheureusement, nous nous sommes perdues de vue après Top Model Belgium. Mais le destin en a décidé autrement : quelques années plus tard, nous avons participé, à un an d'intervalle, à la même émission (*Secret Story*), grâce à laquelle nous nous sommes retrouvées sur un plateau télé… Émilie n'avait pas changé, elle était toujours la même. Et, cette fois-ci, nous ne nous sommes plus jamais quittées…

Stéphanie Clerbois

Avant-propos

Petite, je voulais devenir une princesse. J'idéalisais mon futur prince charmant. Mes rêves de jeune fille étaient immenses : une montagne d'imagination ! Comme la plupart des demoiselles de mon âge, résonnait en moi comme un air de Cendrillon.

J'aspirais à une vie particulière, un peu atypique. Mon souhait, c'était d'être différente des autres... Et pourtant, ce n'était pas gagné ! En effet, mon enfance fut relativement tourmentée. Ce livre est aussi un parchemin dans lequel je conte les moindres détails d'une jeunesse bouleversée.

En 2009, la chance s'offre à moi en me propulsant gagnante de l'émission de téléréalité *Secret Story*. Le public ne me connaissait pas. Et, du jour au lendemain, ma bouille apparaissait à la télévision. Je faisais la Une des magazines people... Je devenais célèbre ! Cette médiatisation imposée a chamboulé mon existence. J'avoue que je n'y étais pas préparée. D'ailleurs, l'y est-on un jour ?

Douze ans plus tard, avec le recul et la maturité, je souhaite me livrer à cœur ouvert, sans changer la moindre virgule. Expliquer qui je suis, dans mon propre livre et non par le biais de la presse et des médias. Je ressens ce besoin de partager mon histoire afin de montrer qu'elle n'est pas celle que le public croit... Elle est bien plus chouette, bien plus belle. Je vis mes rêves ! Mon tatouage sur le pied – « *Live your Dreams* » – en est la preuve.

Dans la vie, il faut être authentique. Je me répète sans cesse : « Suis ce que dit ton cœur. » J'admire les femmes alliant carrière et vie de famille avec succès. J'espère aussi que mon parcours servira de référence.

Je suis une fille simple et ambitieuse, une personnalité active au cœur tendre et avec un caractère bien trempé.

Plongez dans mon univers.

Prologue
LE GRAND SOIR

25 septembre 2009, au soir. Après trois mois enfermée dans la maison des secrets – un confinement volontaire –, j'entre sur le plateau de télévision de TF1 en compagnie de trois autres candidats : Jonathan, Cindy et Sabrina. Nous sommes les derniers rescapés. La peur me transperce comme une épée. Habillée d'un haut corset chemise blanc et d'un legging de couleur noire, j'entends cette foule hurlante applaudir sans cesse ! La fête bat son plein. Pour moi, c'est un retour à la vie. Le contraste entre l'enfermement et cette folie est étrange, saisissant. Cette ascension sous les feux des projecteurs me mène vers l'animateur Benjamin Castaldi qui nous attend. C'est le grand soir, le dernier... La finale !

Vais-je gagner ? Je n'y crois pas.

« Mes acolytes en valent autant », me dis-je.

En avançant vers Benjamin, j'entends le public crier « Émilie, Émilie ». Mon nom résonne avec force dans chaque coin de la salle. Le trouble m'envahit, l'émotion est immense. Je suis un peu perdue, comme dans un brouillard ! Inconnue trois mois auparavant, et là, sur le plateau, la foule scande mon prénom. C'est un choc !

À cet instant, je commence à percevoir une lueur d'espoir.

Vais-je gagner ? J'y crois peu à peu.

Je ne me voyais pas aller aussi loin. Entendre « Émilie » en chœur m'apporte une certaine chaleur réconfortante. Sur le plateau, l'atmosphère est particulière, les lumières intenses, les cris du public hystériques...

Benjamin s'installe devant nous. Micro et enveloppe à la main, il annonce :

– Cindy, Émilie, Jonathan, Sabrina, je vais vous demander de me rejoindre et de vous mettre en place juste devant moi.

On s'exécute !

Le célèbre animateur reprend la parole :

– Vous être quatre en finale et vous méritez évidemment votre place. [...] Bonne chance à tous les quatre. Dans une seconde, l'un d'entre eux va remporter cent cinquante mille euros et on va connaître maintenant le résultat des votes.

La peur et l'angoisse montent ! Je suis à la fois aux anges et nerveuse... Une étrange sensation m'envahit : j'ai la boule au ventre.

– Se classe quatrième de l'aventure *Secret Story* avec 8 % des voix : Sabrina.

Je flotte ; mon cœur bat à deux cents à l'heure. Je me rappelle encore regarder tous ces visages souriants dont la plupart crient « Émilie, Émilie », « Je t'aime, Émilie », « Émilie, t'es la meilleure ! C'est toi qui vas gagner ! ». Cette pluie de soutiens me fait un bien incroyable.

Le plateau de télévision est divisé en quatre parties. Chacune d'elles représente un des quatre finalistes. J'ai pourtant l'impression que toutes scandent mon prénom.

– Se classe troisième : Cindy. Vous l'avez compris, tout va se jouer entre Jonathan et Émilie. Dans quelques secondes, l'un d'entre vous sera sacré grand gagnant de *Secret Story* saison 3 et repartira avec cent cinquante mille euros.

Les secondes s'égrènent...

– Est sacré vainqueur de *Secret Story* saison 3 par K.-O. à la quatorzième semaine...

La peur m'habite !

C'est horrible, j'ai l'impression que mes jambes se détachent de mon corps. Je suis ailleurs... Loin ! Mon esprit divague, je me perds et tournoie dans les airs. Derrière Benjamin, je distingue un jeune homme qui tente de lire le nom du gagnant.

Castaldi referme l'enveloppe !

Je n'entends et ne vois plus personne... Mon cœur frissonne et s'accélère : il bat comme un tambour. Je distingue un garçon, fougueux de joie de vivre, qui, d'un geste, me montre du doigt, genre « C'est toi, Émilie ».

Je n'y crois pas... D'un autre côté, je souhaite qu'il dise vrai. Je ne veux pas le regarder. Inutile de se créer de faux espoirs. À vrai dire, j'étais à mille lieues d'imaginer que je pouvais gagner *Secret Story*. Je préfère attendre le dernier moment.

Benjamin nous fait languir, le suspense est à son comble, quasi traumatisant. Je ne cesse de me répéter intérieurement : « Mais alors, dis-le ! C'est qui alors ? Allez, dis-le ! »

J'ai vraiment l'impression d'être en dehors de mon propre corps, comme si j'étais spectatrice ! Cela ne peut absolument pas m'arriver... Pas à moi, Émilie Nef Naf.

D'un coup, le couperet tombe. Benjamin Castaldi annonce d'une vive voix :

– Est classée vainqueur de *Secret Story* saison 3 : ÉMILIIIIIIIIIE ! 39 % des voix... Bravo !

Je n'en reviens pas, je viens d'être désignée la grande gagnante. Je n'ai pas le temps de réaliser. Aussitôt, mes camarades de l'émission se jettent sur moi en m'embrassant. C'est incroyable, je ne trouve pas les mots pour expliquer à quel point l'émotion est intense. Des confettis tombent de partout, la musique résonne, le public crie... C'est la fête !

Je suis émue ; je me rends compte que des milliers de personnes ont voté pour moi et ont décidé de me faire gagner. Je me suis tout de suite dit : « J'ai été authentique tout au long de l'émission, la sincérité paye. »

Sur le plateau, ma mère, mes tantes, mon cousin et mes amis les plus proches sont présents. Je suis transie d'amour pour eux et ivre de joie de les revoir. Les larmes coulent sur ma joue quand ils me disent :

– On le savait, que tu allais gagner, tu étais la meilleure !

Je ne comprends pas bien car j'ai juste été moi-même. Mais leurs mots me font chaud au cœur.

Je me souviens de personnes qui crient, qui essayent de me toucher et de m'arracher mes habits. Comme à l'époque de la « Beatlemania ». Je sors de là comme un enfant choqué, sans trop réaliser ce qu'il se passe. Je suis dans un monde qui n'est pas le mien.

On m'emmène dans une discothèque alors que je n'ai rien demandé. Beaucoup de choses avaient été préparées. Bon nombre de personnes se sont fait beaucoup d'argent sur mon dos. Ils m'ont envoyée, comme un animal de foire. Ils avaient déjà annoncé ma présence alors que je n'étais encore qu'à l'intérieur de la maison des secrets.

Je ne suis pas à l'aise dans cette arène remplie d'une foule qui me dévisage, qui cherche à toucher mes vêtements, mes mains... Je panique et subis une crise de claustrophobie dans cette cage musicale. Les flashs des appareils photo ne cessent de m'aveugler, ma vision en est altérée. Je demande à partir rapidement. Je ne me sens vraiment pas bien, j'étouffe. On me fait donc sortir de la salle discrètement par une petite cour...

Je ne suis pas encore au bout de mes surprises. Le chauffeur me dépose devant un hôtel de luxe, au centre de Paris. La suite réservée aux gagnants de l'émission m'attend.

Un truc de dingue : la pièce est immense. Jamais je n'avais vu autant de confort. J'hallucine ! Je suis comme une princesse ! Mon téléphone sonne sans arrêt et, en bas du prestigieux établissement, des dizaines de paparazzis, prêts à voler la première photo, font le pied de grue.

Je ne réalise pas ce que je vis, c'est comme un rêve que je n'aurais jamais osé imaginer. Je finis par m'endormir paisiblement, en kiffant ces moments à deux cents pour cent.

1
L'ABSENCE EN HÉRITAGE

« Ma mère est la seule personne qui combattrait ciel et terre pour moi. »

Mon existence n'a pas toujours ressemblé à un conte de fées.

J'ai poussé mon premier cri le 14 décembre 1987 à 21 h 50 dans un hôpital géré par des sœurs, la maternité de la Sainte Famille, place Sébastopol, à Lille. La façade de l'établissement est magnifique, montée sur trois étages. Aujourd'hui, ce lieu, perdu dans les abysses des souvenirs, n'existe plus. La maternité a été transférée à proximité de la polyclinique du Bois en 1990 et a changé de nom : Pavillon du Bois.

Maman a eu une enfance très compliquée, dans la pauvreté, baladée de foyer en foyer. Elle a terriblement souffert ! Son papa était algérien et sa mère – Ginette – française.

Ma mère se prénomme Aïcha, c'est une métisse algérienne. Physiquement, je trouve qu'elle ne me ressemble pas : un petit nez, une bouche plus fine. Mais nous avons les mêmes oreilles minuscules. J'ai l'impression de ressembler à mon père biologique. Même au niveau taille, je suis plus grande que Maman ! Mais un point commun nous rassemble : nos yeux marron en amande. Mis à part ça, nous sommes loin d'être des sosies.

Maman courait les petits boulots. Elle a arrêté ses études à l'âge de dix-sept ans, à la demande de son père – il voulait qu'elle soit mariée avant ses dix-huit. Elle était pourtant une élève brillante, souvent première de sa classe. Avant l'accouchement, alors qu'elle avait vingt-quatre ans, elle a œuvré jusqu'au dernier jour comme vendeuse dans un magasin dirigé par Monsieur et Madame Dubois, des personnes formidables qu'elle avait rencontrées trois ans auparavant. Elle gardait aussi les enfants dont ils s'occupaient : ils en élevaient plusieurs que leur avait confiés la DDASS. Ce couple a recueilli ma mère et s'en est toujours occupé. C'est une famille adoptive avec laquelle j'ai grandi ; je les considère comme mes grands-parents. Mon amour à leur égard est incommensurable. Je pense que le lien familial n'est pas une question de sang mais dépend des personnes qui vous accompagnent dans votre vie. Mon parrain Philippe est le fils de mes grands-parents Dubois. Il s'est marié avec Laurence, qui est devenue ma marraine. Ensemble, ils ont eu cinq enfants. Ma mère était la nounou de ces derniers, que je considère comme mes frères et sœurs.

Ce 14 décembre, chez Papy Dubois, ma mère se trouvait aux toilettes quand un terrible mal de ventre et des envies de vomir l'ont assaillie. Face à cette solitude de souffrance, elle a perdu les eaux. Les contractions se sont alors multipliées. Sans attendre, mon papy l'a aussitôt conduite à la maternité. Elle est entrée dans l'établissement à 20 h 30 ; je suis arrivée sur Terre une heure et demie plus tard.

Maman ne voulait pas enfanter, préférant me garder éternellement dans son ventre. Elle avait une peur bleue de l'accouchement. Elle n'a pas eu de complications pendant sa grossesse, à l'exception d'une sciatique à cinq mois. Elle se souvient qu'une infirmière est venue une dizaine de jours lui faire des piqûres.

Le soir de l'accouchement, ma mère était seule ! En me prenant dans ses bras, elle a ressenti un bonheur infini et m'a confié, bien plus tard, avoir pleuré. Malheureusement, dans cette maternité, on retirait pendant deux jours aux mamans les nourrissons, qui étaient envoyés à la nurserie. Ça devait être une dure épreuve. On sait à quel point il est essentiel de garder son bébé auprès de soi. Mais, à cette époque, on considérait indispensable que la mère puisse se reposer.

Maman a rencontré mon paternel dans un bus en allant au travail. Il était chauffeur sur la ligne qu'elle prenait chaque jour. Elle est tombée amoureuse de cet homme aux yeux verts. Je ne sais pas s'il était français ou flamand... Les détails sur son histoire ne sont pas légion. Je connais son prénom : Patrick. Il paraît que je lui ressemble. Maman m'a parlé un peu de lui, j'ai pu glaner des miettes d'informations. Il était marié et, avec ma mère, ils entretenaient une relation adultère ! Ils se voyaient plusieurs fois par semaine ; elle était amoureuse de lui. Elle me disait qu'il était gentil... Puis, c'était, selon ma mère, un bel homme, avec de jolis yeux verts en amande. Auparavant, elle n'avait eu que des relations avec des mecs mariés qui lui promettaient de tout quitter, femme et enfants. Du bluff ! Ils se foutaient de sa gueule. Patrick n'était pas mieux. Je pense qu'il a dû faire comme la plupart des hommes mariés, raconter que son couple était au bout du rouleau... Tout ça pour mettre Maman dans son lit. Comme d'habitude ! Selon ma mère, au début de leur histoire, Patrick ne lui a pas dit qu'il était marié. Un mois plus tard, il lui a avoué la vérité. En revanche, il ne lui a jamais promis de quitter sa femme. Maman a voulu rompre à plusieurs reprises, mais il pleurnichait pour que ça n'arrive pas. Elle a cédé à chaque fois : elle avait des sentiments pour lui. C'était un coureur de jupons ! Et pourtant, trente ans après, il est toujours avec la même femme. Paroles, paroles et encore des paroles. Les hommes ne savent faire que ça ! Ma mère y a cru, à ces belles paroles. La pauvre, elle s'est fait berner.

Quand elle est tombée enceinte, lui ne voulait pas qu'elle me garde, mais ma mère, isolée dans une vie indigente, se disait : « C'est la plus belle chose qui me soit arrivée ! » À partir de ce moment-là, mon père n'a plus souhaité la revoir, ou alors très peu... Je ne connais pas vraiment la fin de cette histoire. Je ne sais même pas si Maman fréquentait mon paternel pendant la grossesse. Seule image que je détiens : une photo de moi, nouveau-née, et Patrick me portant dans ses bras, habillé de sa tenue de chauffeur de bus avec une cravate rouge. Mon père est venu à la maternité à la demande de ma mère.

Leur relation cachée a duré jusqu'à mes trois ans. Des années plus tard, je tombe sur une cassette audio perdue au fond d'un carton. Sur l'enregistrement, je découvre une conversation entre mon père et ma mère. En fond sonore, on entend ma petite voix de bébé :

– Hé Patrick ! Patrick est patraque.

Un peu plus loin sur la bande :

– Le canard s'est échappé. Écoute, Patrick ! Maman, Maman... Le canard courait et les oies m'ont pincée.

Enfant, je jouais avec un canard, baptisé Saturnin, que mon parrain m'avait offert... Ça devait être celui-là.

Mon père rendait donc visite à ma mère. Était-ce pour me voir ? Non ! Maman m'a avoué que mon paternel ne pensait qu'à son rendez-vous d'en-dessous de la ceinture. Quel con ! Mais ma mère était folle amoureuse et persuadée qu'il finirait par rompre avec sa femme. Tu parles ! Heureusement qu'elle s'est rendu compte qu'il ne la quitterait jamais. Quel lâche !

Maman n'a jamais dénigré Patrick. Dès le début, elle m'a dit la vérité : j'ai un papa, mais il ne veut pas endosser ses responsabilités de père. Je ne lui en voulais pas, je le percevais comme une victime, un homme malheureux et perdu. Je n'ai aucune affection à son égard : je ne le connais pas ! Mais, avec ma mère, il s'est comporté comme un con, il a profité d'elle en lui faisant croire monts et merveilles. Je n'arrive pas, aujourd'hui encore, à accepter ce style d'attitude.

C'est sûrement pour cette raison que je ne donne aucun crédit aux hommes, et qu'à mes yeux, les mecs sont incapables d'assumer quoi que ce soit. J'ai l'impression que ce sont tous des bouffons. Dès qu'ils tombent sous l'emprise d'une nana ou d'une famille, ils n'ont jamais les couilles de prendre une décision. Ils ont peur du changement, de divorcer, d'avouer l'impardonnable. Pourtant, c'est ça, être un vrai mec : avoir du courage ! Quand une situation amoureuse leur déplaît, plutôt que faire bouger les choses, ils préfèrent s'enliser dedans en se disant : « Ce n'est pas grave, ça va s'arranger ! » Et, en parallèle, certains vont s'amuser en cachette avec d'autres filles. C'est tellement facile de ne pas regarder la réalité en face ! Les hommes sont des faibles d'esprit. Nous, les filles, on a aussi des tentations, mais on ne tente pas le diable. Le défaut des mecs, c'est qu'ils ne pensent pas avec leur tête, mais avec leurs parties intimes.

Est-ce que ma mère était la seule maîtresse de Patrick ? Pendant toute ma jeunesse, je me suis demandé si je n'avais pas des demi-frères et des demi-sœurs à chaque coin de rue. À l'école, je scrutais les élèves pour voir si certains me ressemblaient. J'étais constamment angoissée par cette idée.

Pendant qu'elle fréquentait mon père, ma mère a rencontré mon beau-père, Jean-Michel, à Marquette-lez-Lille, en 1988. J'avais huit mois ! Physiquement, il est grand, très maigre, avec un long nez, une chevelure brune et une moustache imposante.

Il logeait juste au-dessus de chez nous, à côté de chez mes grands-parents adoptifs, les Dubois. Je l'ai toujours appelé « Papa » même si j'avais conscience qu'il n'était pas mon père biologique.

La première fois qu'ils se sont rencontrés, j'étais dans le couffin.

– Oh, qu'est-ce qu'il est mignon, votre petit garçon !

– C'est une fille...

Voilà comment leur idylle a démarré.

Jean-Michel est une belle personne, avec un bon fond et, malheureusement, un penchant excessif pour l'alcool. Très jeune, il a perdu sa mère, puis son père quelque temps plus tard, à cause de l'alcool. Et son frère est décédé d'une cirrhose.

Tous les ans, au mois de septembre, il m'accompagnait à la Foire aux manèges de Lille... C'était LA sortie de l'année. « Papa » était très généreux bien que nous n'eussions pas beaucoup d'argent. Dès qu'il en avait un peu en poche, il essayait de me gagner les plus grosses peluches. Je me souviens des manèges et des moules frites que nous mangions.

Pour être honnête, je n'ai jamais perçu Jean-Michel et ma mère comme des amoureux mais plutôt comme des colocataires. Il faut avouer que, de ma naissance jusqu'à mes quinze printemps, maman a dormi avec moi. Dans ce contexte, l'intimité de leur couple était inexistante. Ils ont dû entretenir une relation charnelle pendant quelques mois. C'est tout ! Dès qu'ils ont ensuite loué un appartement ensemble, Maman a été contrainte de vivre avec lui : elle n'avait guère le choix financièrement, c'est lui qui réglait le loyer. Il était le locataire principal, elle la colocataire. Elle ne travaillait plus au magasin de Monsieur et Madame Dubois : elle enchaînait les gardes d'enfants et les ménages.

Jean-Michel et ma mère ne formaient pas un couple : je ne les ai jamais vu s'embrasser. Ma mère disait tout le temps qu'ils étaient des concubins. Dans ses yeux, elle le considérait comme un père de substitution à mon égard. Quand je parlais de Jean-Michel aux personnes extérieures, je l'appelais par son prénom. Je n'utilisais jamais le terme « beau-père » : j'avais honte de lui parce qu'il était alcoolique. Mais, à la maison, c'était « Papa ».

Il m'affectionnait énormément, au point de m'appeler « Ma fille » à qui voulait l'entendre. Bizarrement, dès qu'il avait un verre dans le nez, il pouvait avoir des comportements déroutants. Soit il m'aimait à la folie, soit il me détestait. Alcool, quand tu nous tiens, au parfum d'une bipolarité ! C'était un « Je t'aime, moi non plus »... Trouver ma place dans cette relation contradictoire n'était pas aisé.

Je ne savais jamais sur quel pied danser : très énervé, il était insupportable ; pompette, il était adorable. Entre les jours enivrés et les nuits de colère, mon esprit tanguait. En réalité, je ne supportais pas ses attitudes ni sa façon d'agir. De ma chambre, je l'entendais s'énerver et crier après ma mère, en ressassant toujours les mêmes choses :

– C'est la faute de ta fille ! C'est sa faute !

– Arrête de dire n'importe quoi, elle n'a rien fait.

– Mais si, tous nos problèmes viennent de TA fille.

Pourtant, je n'avais rien à me reprocher, je restais dans ma piaule sans déranger personne. Mais j'étais son coupable idéal. Lui était mon bourreau. Ma haine grandissait chaque jour à son égard ; je lui en voulais d'agir ainsi. La petite fille que j'étais ne comprenait pas pourquoi il déversait tant de venin.

Dès qu'il rentrait bourré – tous les jours –, une angoisse diabolique s'installait dans l'appartement. Je préférais m'enfermer dans ma chambre, à jouer, pour ne pas entendre l'autre hurler après Maman. J'étais terrorisée : j'avais peur qu'il débarque pour me crier dessus. Je percevais ce brouhaha de cris dans le salon, ça m'inquiétait. Puis des gifles... Je ne pouvais rien faire, j'étais trop petite ! Je n'avais pas les armes pour me défendre, ni physiquement ni mentalement. Je n'avais que mes larmes, qui coulaient sur mon visage. Je me cachais en attendant la fin du vacarme : ça se terminait dès qu'il s'endormait comme une loque sur le canapé. Et ça se répétait encore et encore : parfois, le frère de ma mère était obligé de venir à la rescousse pour calmer la situation.

Je me souviens du jour où, comme à l'habitude, j'entends crier dans le salon.

– Tais-toi ! C'est un vrai bordel ici !

J'ai 7 ans. Je quitte ma chambre précipitamment et fonce dans la cuisine pour prendre un couteau. Je trouve uniquement le plus petit, celui qui est arrondi et ne ferait pas de mal à une mouche. Je me cache sous la table en le serrant fort dans ma main ; je me mets en boule et me bouche les oreilles tellement les hurlements deviennent insupportables. Qu'il vienne me chercher : je suis prête à l'entailler. Il n'est jamais venu, ma mère l'a calmé avant.

La vie quotidienne avec lui est horrible, son comportement est incontrôlable. Je n'ai pas le droit d'ouvrir le frigo, il ne le tolère pas. C'est l'engueulade directe ! Je trouve une technique : glisser mes doigts délicatement et doucement sous les aimants de la porte pour l'ouvrir sans faire de bruit. Je fais de même pour la refermer. Je suis terrorisée à l'idée de rester seule avec cet homme.

Dans mon journal intime, j'écris des lignes et des lignes... La même phrase revient toujours : « Un jour, quand je serai grande, je ferai à mon beau-père ce qu'il m'a fait quand j'étais petite. »

Je souffre de ce quotidien : ma haine envers Jean-Michel grandit. C'est terrible : il peut être adorable et, en quelques secondes, devenir mauvais. Parfois, il est tellement ivre qu'il pisse dans le débarras, pensant que ce sont les toilettes. Quel enfer !

Un autre jour, le repas préparé par Maman est prêt. Jean-Michel arrive, toujours ivre, et fait tomber le plat. Je suis crispée ! Un morceau de verre taille sa veine... Le sang coule à flots. Ma mère lui fait un bandage de fortune... Puis, en urgence, direction l'hôpital pour des points de suture. Il est tellement cuit que les infirmières ne comprennent pas un mot à ce qu'il raconte. La honte !

Quand Jean-Michel s'endort bourré dans le fauteuil, Maman et moi devons le porter jusqu'à sa chambre : je le prends par les bras et elle par les jambes.

Quand il sort du travail, il passe devant le bar *La Cage de l'Épinette*. À chaque fois, ses copains lui disent : « Allez, viens boire un petit coup. » Et ils ont la main lourde : à peine son verre est-il vide que ses amis lui en servent un nouveau.

L'alcool le détruit. Il ressemble à Averell, des Dalton : un physique frêle, il n'a pas beaucoup de force ! Il titube régulièrement, prêt à tomber au moindre coup de vent. Il travaille comme ouvrier dans une usine de métallurgie. En parallèle, il vend sous la main du cuivre pour dégager un peu de liquidités. Parfois, ma mère lui demande :

– Tu n'as pas un billet pour me dépanner ?

– Non, répond-il comme à l'habitude.

Jean-Michel préfère garder tout son fric pour le dépenser aux bars. Il en a bu, des litrons de bière, ce poète du fond du trou. Maman en a marre.

– Arrête de perdre tout ton argent dans l'alcool.

– Laisse-moi !, dit-il tout en tirant sur sa Gauloise bleue sans filtre.

Le tabac, c'est son deuxième vice... Il fume quatre paquets de Gauloises par jour. Ça pue la clope dans l'appartement. C'est sûr, j'ai dû en inhaler des quantités.

Un souvenir m'a particulièrement marquée : au comptoir d'un bar, Jean-Michel boit outrageusement avec son copain Lucien, parachutiste. Ils étaient dans la même école militaire. Pour fêter leurs retrouvailles, les verres de bière défilent jusqu'au crépuscule. Avec Maman, on va le chercher. Je le vois monter l'escalier à l'envers, de dos, tête en arrière. Il a complètement perdu le sens de l'orientation. Arrivé en haut, il tombe subitement, inconscient. Il entre dans un coma éthylique... S'ensuit un arrêt cardiaque. Lucien se jette sur son ami et lui prodigue un massage cardiaque. Pour la petite enfant que je suis, la scène est traumatisante. Un mélange d'affolement et d'angoisse me saisit en le regardant inerte et allongé. Je ne comprends pas vraiment ce qui se passe, juste que ce n'est pas normal. Les têtes paniquées de l'entourage m'indiquent que c'est grave. Mais, finalement, plus de peur que de mal, Jean-Michel finit par revenir à lui.

Quand je regarde dans le miroir de mon enfance, Jean-Michel a néanmoins été là pour moi, surtout quand j'en avais le plus besoin. C'est important ! Mais son problème d'alcoolisme nous a conduites à des situations compliquées, notamment face à des factures impayées. Nous avons donc été contraintes et forcées de vivre sans électricité pendant plusieurs mois. Mon beau-père avait fait un trou dans un mur pour récupérer le branchement d'une ampoule du couloir des parties communes. Il avait branché une multiprise, nous avions cinq prises et l'on devait faire des choix : la télévision ou le sèche-cheveux, la radio ou la cafetière...

Le chauffage fonctionnait au gaz. Le froid nous saisissait physiquement comme dans nos cœurs. Nous sommes aussi demeurées sans eau pendant un moment. Heureusement, notre voisine, amie de la famille Dubois, nous donnait d'immenses bidons de vingt litres d'eau pour faire à manger, nous laver, etc. Ma mère était à court de solutions pour améliorer notre situation. La pauvreté mène à des conditions improbables. Aujourd'hui, j'avoue que cette période fut la plus traumatisante de ma vie.

Quand je suis arrivée en pleine période d'adolescence, j'avais honte vis-à-vis de mes copines. C'était gênant ! Je n'en parlais à personne, c'était une honte intérieure. Seule Vanessa était au courant ! Elle m'a toujours aidée : je me douchais chez ses parents. Heureusement, car j'avais un âge auquel on veille particulièrement à son apparence.

J'ai passé la plus grande partie de mon enfance avec Vanessa. Elle était comme ma sœur, mon binôme, ma jumelle, même si nous étions vraiment différentes. Aujourd'hui encore, elle me connaît par cœur. Et inversement. Étant fille unique, je privilégiais mes relations amicales. Avec Vanessa, nous avons fait de nombreuses bêtises ensemble, notamment sécher les cours. Pas très glorieux ! Néanmoins, ça reste de bons souvenirs.

Sa famille a été un support essentiel à mon existence. Tout ce que je n'ai pas connu – comme avoir un père, une mère, des frères et des sœurs réunis au sein d'une même famille –, j'ai pu y goûter avec eux. J'ai ainsi eu, moi aussi, ma tribu complète et pleine d'amour.

À force de fréquenter le bar, Jean-Michel se lie d'une grande amitié avec Mauricette, la patronne de l'endroit, sa deuxième maison. Maman considère cette femme comme un cancer, elle lui en veut : indirectement, elle fait picoler mon beau-père. C'est son fonds de commerce. Je me souviens de cette dame, si bien portante et devenue maigre du jour au lendemain, dévorée par le cancer. J'ai entendu dire qu'elle avait dû boire trop de pastis. Quand elle décède, à seulement 56 ans, Jean-Michel finance l'enterrement et la pierre tombale ! Pourquoi ? Par amitié, peut-être plus... Ou par stupidité... Il est obligé de contracter un crédit à la consommation. Sa générosité nous fout encore plus dans une merde infernale. Qu'il est con ! Dans les mois qui suivent, impossible de payer les factures. L'ambiance est toujours austère, si ce n'est encore plus. J'ai 16 ans et je n'en peux plus de cette vie de pauvre ! Je n'espère qu'une chose : m'en sortir.

Ce qui devait arriver arriva : des huissiers sonnent à la porte de l'appartement. Maman ouvre. Ils cherchent Jean-Michel. Il n'est pas là, il est sûrement dans un bar, encore... Comme elle n'est pas mariée avec lui – heureusement ! –, cela ne la concerne pas et ils repartent. La dette est colossale. Maman n'en peut plus, c'est la goutte d'eau, ou plutôt de bière, qui fait déborder le vase. Elle le met à la porte et il retourne vivre dans le studio d'en face, où ils habitaient quand ils se sont rencontrés.

Jean-Michel ne m'a pas donné un bel exemple. Depuis, je déteste les personnes bourrées. Je pète un plomb si je vois quelqu'un dans le même état que Jean-Michel. Si je n'ai aucun sentiment à l'égard de mon paternel – il ne m'a jamais calculé, il ne fait à mon sens pas partie de ma famille et je n'ai pas grand-chose contre lui ! –, j'en veux à mon beau-père. J'en ai sûrement voulu aussi à ma mère d'avoir choisi cet homme comme « père remplaçant ». Je ne lui pardonne pas ce choix. Inconsciemment, c'est peut-être pour cette raison que je me suis rebellée à l'adolescence. J'ai été à l'origine de plein de bêtises à l'école, ma mère a dû souffrir de mon comportement. C'était ma façon de lui exprimer ma colère, en lui faisant la misère.

Ma mère m'a élevée toute seule, avec courage. Le résultat en est, je crois, positif. C'est vrai que les femmes doivent tout supporter : les règles, les douleurs, les grossesses, les accouchements et, en cas de séparation, elles gèrent la plupart du temps les enfants. Je pense que les nanas sont plus fortes moralement. Les hommes sont plus faibles.

Dans le lot, il y a sûrement des hommes bien. Par exemple, j'admire le père de mon amie Vanessa : il a toujours porté sa famille à bras-le-corps. Il aime ses trois enfants et ferait tout pour eux... Il a été pour moi un papa de substitution. C'est sincèrement un des rares hommes que j'idéalise. Dans ma famille, je n'ai jamais connu un homme comme lui.

Quand je rencontrais des copines dont le papa était présent, attentionné et aimant, je me disais : « Elles ont grave de la chance ! » Encore aujourd'hui, j'aimerais avoir un père. Je suis même intimidée par les hommes d'un certain âge. Je ne connais pas ce rapport avec une figure paternelle douce, gentille et qui serait là pour moi. Dès ma naissance, j'ai hérité d'une absence, celle du père.

2
À JAMAIS DANS MA MÉMOIRE

À l'école, j'ai toujours été la meneuse de groupe... Je n'ai jamais rencontré le moindre problème pour me faire accepter. Je m'entendais bien avec tout le monde. Je préférais traîner avec les garçons : ils se chamaillaient peu et je trouvais leur compagnie beaucoup plus cool et fun.

En maternelle, c'était top : ma maîtresse était aussi ma marraine. Je me sentais en famille.

Un jour, vers l'âge de cinq ans, dans la cour, alors que nous jouons aux billes – l'amusement à la mode –, un groupe de gars parlent entre eux. Je prête une oreille attentive afin de mieux écouter. L'un d'eux, Maxime, italien d'origine, dit :

– J'ai fait une galoche !

Étonnée, je me rapproche en lui demandant :

– Mais c'est quoi une galoche ?

– Tu veux que je te montre ?, réplique Maxime, dont un ruban adhésif était collé sur un verre de ses lunettes.

– Oui, OK, vas-y !, réponds-je innocemment.

Il s'approche de moi d'un pas décidé et, à l'aide de son manteau, nous cache afin que les maîtresses ne puissent pas nous voir. Et là, sans que je comprenne, il m'embrasse lèvres contre lèvres, essayant même d'introduire sa langue. Je le repousse fermement !

– Mais ça ne va pas la tête ?, lui dis-je d'un ton énervé. Beurk, c'est dégoûtant !

Je crache tant que je peux... Je suis choquée ! Je viens de découvrir ce qu'est une galoche.

Maxime était plus petit que moi, mais j'en suis tombée amoureuse. Est-ce la galoche ? Je ne saurais l'expliquer. C'est resté un amour platonique puisque ce baiser fut le seul et l'unique. Mais, jusqu'au collège, Maxime a hanté mon cœur.

J'allais à l'école à Wambrechies, ville de mon père biologique. D'ailleurs, sur le chemin nous conduisant à l'institution primaire, il fallait passer devant chez lui. Ma marraine et mon parrain Dubois me déposaient avec leurs enfants. Ils venaient nous chercher. Parfois, c'était ma mère. J'adorais cette période car je baignais au sein d'une vraie famille de cœur. Aurélien, un des cinq enfants Dubois, était comme mon jumeau, bien qu'il soit de deux ans mon aîné. On nous surnommait « les jumeaux maléfiques » parce qu'on ne faisait que se taper dessus. On s'aimait autant qu'on se détestait.

À la maison, l'ambiance était toujours miséreuse et la situation financière désastreuse. Ma mère essayait de me cuisiner des plats équilibrés dès qu'elle le pouvait. Mais, quand j'ai eu seize ans, nous n'avons plus eu le choix et nous sommes allées aux Restos du cœur. On faisait la queue de longues minutes. Je trouvais ça cool : les bénévoles étaient super sympas, on pouvait prendre plein de choses gratuites, c'était génial ! Bien évidemment, je n'avais pas conscience de la situation dramatique dans laquelle nous étions. Et Maman ne me laissait rien paraître : derrière sa carapace en apparence invulnérable, elle ne me montrait pas que nous étions en galère. De temps en temps, elle se cachait dans la salle de bain pour déverser ses larmes.

– Mais qu'est-ce qui ne va pas, Maman ?

– Oh, t'inquiète, c'est juste que je suis fatiguée...

Je me disais qu'elle était hyper sensible. Ça a duré toute ma jeunesse. Elle faisait beaucoup de crises de tachycardie nocturnes. Elle se réveillait en pleine nuit et me disait :

– Je vais mourir. J'ai froid, donne-moi un verre, mon cœur bat vite.

C'était presque toutes les nuits. En fait, c'était des crises d'angoisse. Elle vivait une vie dont elle ne voulait pas. Elle devait être très malheureuse.

J'ai redoublé mon CE2. Je l'ai relativement mal vécu, trouvant même cela abominable. Je ne comprenais pas pourquoi il fallait recommencer une année supplémentaire. « Suis-je si nulle que ça ? » me disais-je. Je ne méritais pas cela même si je n'étais pas une championne de la scolarité.

J'étais une élève dissipée, bordélique, assez rapidement perturbée par le bruit. Je me faisais souvent punir par les profs. Je me rappelle du directeur, Monsieur Bouba, toujours habillé d'un survêtement bleu. On entendait le frottement de son jogging du bout du couloir. Il nous terrorisait ! Quand on faisait des bêtises, il pliait sa langue entre ses dents, nous attrapait par la joue et nous envoyait au coin. C'était effrayant !

On avait aussi un professeur qui, pour punir un élève désobéissant, lui faisait recopier un roman entier. On avait un petit rite dès lors qu'un d'entre nous était puni : on chantait « Une belle histoire », la chanson de Michel Fugain.

– Taisez-vous !, criait-il alors d'un ton nerveux.

Bien évidemment, cela nous faisait rire.

C'était le temps d'une école différente d'aujourd'hui, loin des téléphones et des réseaux sociaux... On n'avait aucune vision de ce qu'il se passait réellement dans le monde. Nos centres d'intérêt, c'était la maison et nos voisins... Ça n'allait pas au-delà.

Finalement, dans cette nouvelle classe de CE2, je fais la connaissance de Stéphanie. Elle est ma voisine de ce bon vieux double bureau d'écolier en bois composé de deux chaises et d'un pupitre dont le plateau, à deux battants, se soulève pour accéder aux deux casiers de rangement distincts. Sur la partie fixe du plateau se trouvent deux anciens encriers et deux petites encoches permettant de caler quelques crayons. Stéphanie et moi sommes devenues de véritables amies.

Un jour, au petit matin, en pleine récréation, mes camarades évoquent une explosion qui s'est produite dans la nuit. Habitant une ville voisine, je ne suis pas au courant. Apparemment, l'accident est sérieux !

Une fois dans la salle de classe, installée sur ma chaise, je remarque que Stéphanie est absente. Je suis donc seule devant mon pupitre, avec une place vide à ma droite.

Notre professeur entre, le visage décomposé, et s'adresse à nous :

– J'ai une mauvaise nouvelle ! Il y a eu un terrible accident cette nuit, une explosion au gaz. Malheureusement, Stéphanie fait partie des victimes. Elle est décédée !

Ma première réaction est de diriger mon regard vers son siège vide.

« Mais ce n'est pas vrai, ce sont des conneries... Le prof est un menteur », me dis-je.

L'émotion m'envahit ! Je me retourne, faisant mine de fouiner dans mon cartable adossé à mon siège. Je ne cherche rien, juste à combler le vide d'une absence qui sera éternelle. Puis, je ne veux pas laisser couler mes larmes devant mes camarades de classe. Ma tristesse est immense : mon acolyte, celle avec qui je partage tout, vient de perdre la vie, à seulement dix ans. Je perds mon amie !

Dans cet océan de chagrin, je mets plusieurs heures à réaliser l'impossible vérité... Jusqu'au jour de l'enterrement, le dernier des adieux. L'église est inondée de monde, la plupart des gens pleurent... Le cercueil de Stéphanie est juste devant moi, avec sa photo posée dessus. Un visage figé pour l'éternité... J'en ai, encore aujourd'hui, des frissons.

Ça a été difficile de reprendre le chemin de l'école sans sa présence. Du jour au lendemain, je suis devenue orpheline d'une amitié profonde et sincère. Depuis son départ, j'ai toujours senti sa présence auprès de moi, comme si elle continuait d'exister même au-delà de la mort. Je souhaite croire en une vie après... Stéphanie ne méritait pas de partir si jeune, si tôt, si vite ! Son souvenir restera gravé à jamais dans ma mémoire. À chaque situation difficile, je pense à elle et je sais qu'elle m'aide.

3
PREMIÈRES CONNERIES

Je fais mon entrée en sixième au sein d'un établissement scolaire à deux kilomètres de chez moi. J'y vais la plupart du temps à pied, habituellement en compagnie de camarades de classe. Les années collège ont été formidables : nous étions un groupe de copains très soudés.

Un jour, avec Hans et Angélique, nous décidons de sécher les cours. La cloche sonne ! Illico, on tente d'escalader discrètement le mur se trouvant derrière l'école. Malheureusement, il est trop haut... Gigantesque pour la petite fille que je suis. Mes deux amis passent devant moi. À mon tour ! Cartable à la main, je reste coincée en haut du parapet. Mon cartable s'est accroché ! Je hurle :

– Aidez-moi !

Hans, je ne sais pas comment, réussit à me décoincer. Nous courons le plus vite possible à travers un immense champ de maïs, poursuivis, non pas par un professeur mais par un paysan armé de son fusil. À bout de souffle, nous le semons. Puis, nous arrivons au parc du jardin public se trouvant près du magasin Lidl. Je vais aux toilettes et je découvre que, pour la toute première fois, j'ai mes règles. Quelle galère ! Sans un sou en poche, ma copine me fait une proposition.

– Allons piquer des serviettes chez Lidl.

Je suis dans une situation où j'en ai réellement besoin. Dans le magasin, on vole discrètement une tablette de chocolat, une canette de Coca-Cola et les serviettes. Malheureusement, mon amie se fait griller. Je réussis à m'échapper, mais Angélique commence à crier :

– Émilie ! Émilie ! Tu dois venir !

Pas le choix, je fais demi-tour, ma fierté au placard. La direction téléphone à l'école qui, elle, contacte nos parents. Je peux vous dire qu'on s'est bien fait engueuler.

Au collège, je perturbe très souvent la classe et mon insolence agace l'équipe enseignante. Je suis convoquée en commission disciplinaire. Il est décidé de me renvoyer des cours pendant une semaine, tout en restant à l'intérieur de l'établissement. Je suis donc envoyée, comme une prisonnière, cinq jours dans une pièce voisine de la salle de gymnastique, servant de placard à balais et où se trouvent d'ailleurs les compteurs et la chaudière. Enfermée entre ces quatre murs de 8 heures à 16 h 30, je m'ennuie à mourir. L'ambiance est austère ! Le seul à me rendre visite, c'est le pion. Ce dernier m'apporte des devoirs que je ne fais évidemment pas. Rebelle un jour, rebelle toujours ! Le temps semble infiniment long ! Je suis seule dans cet endroit dénué de vie, à ne voir personne, juste ma propre ombre. Le silence interminable me ronge ! À défaut de travailler, je fais des choses stupides, comme courir pour faire une pirouette sur le mur. Je retombe sur la tête. J'ai mal ! Me voilà comme une idiote, avec cette douleur au crâne. Cette semaine, baptisée « Placard à balais » par mon grand-père, est un souvenir amusant.

J'adore l'art plastique ! Je m'épanouis à cent pour cent dans le dessin. Cela me fait voyager, comme un grain de liberté... À chaque conseil de discipline, tout le monde s'unit contre moi. Je me rappelle ces tables formant un U ; je suis assise au milieu en compagnie de ma mère qui ne cesse de pleurer. Le « tribunal » d'enseignants se tient tout autour de nous et médit avec véhémence sur mon cas.

– Émilie est une catastrophe ! Elle est trop dissipée et perturbe la classe !

Seule ma prof d'art plastique, étonnée, me défend et plaide ma cause.

– Je ne reconnais pas du tout Émilie dans ce que vous dites. À mon sens, c'est une élève assidue qui a de très bonnes notes, à hauteur de 19 de moyenne !

Dans ma classe, il y a un garçon, Rémi, qui a redoublé de nombreuses fois. J'ai l'impression qu'il fait plus de deux mètres, alors qu'il ne doit pourtant pas être beaucoup plus grand que moi. Il impose sa loi à tout le monde. Un mec pas cool !

Un jour, nous avons un travail à effectuer en art plastique. Il faut assembler sur une épaisse feuille cartonnée des éléments d'une même couleur. Je choisis le rouge. Je rapporte une bobine de fil à l'ancienne, avec un cône en plastique abîmé, car sûrement tombé par terre, de chez ma grand-mère. Je compose mon travail lorsque Rémi arrive à ma hauteur et se met à toucher à mes affaires.

Je lui intime d'arrêter à plusieurs reprises, mais rien à faire, il continue et réplique :

– Qu'est-ce qu'il y a ? Qu'est-ce que tu vas faire ?

– Lâche ça ! Je te jure, j'en ai marre de tes histoires, je vais péter un plomb... Tu commences vraiment à me soûler.

Il déverse sa bile à mon encontre. Je ne me laisse pas faire.

– Ferme ta gueule... Tu nous gaves !

– Quoi ? Tu me dis de fermer ma gueule à moi ?

Il prend ce qui lui tombe sous la main, la bobonne de fil avec le cône en plastique, et me la balance en pleine tête.

– Tu ne me parles pas comme ça, ajoute Rémi d'un ton hargneux.

Un silence s'installe. Puis, je commence à percevoir comme un bruit sourd dans mes oreilles. À ma droite, je vois Julie, ma copine, me regarder avec de grands yeux catastrophés.

– Mais Émilie, tu saignes !

Je suis dans un autre monde... Je sens un liquide chaud couler abondamment sur mon visage, comme si un seau d'eau se déversait sur ma tête. D'instinct, je regarde mon pull blanc, que mon parrain m'a offert quelques jours plus tôt, maculé de sang. Dans la panique, je me lève... Rémi et tous les élèves me scrutent d'un air ahuri et traumatisé. La prof se retourne, elle aussi étonnée.

Je quitte la classe en quatrième vitesse pour courir en direction de l'infirmerie. Quand j'arrive en haut des escaliers, le sang ne cesse de couler... Je hurle tout en gardant la main sur mon crâne qui commence à enfler. Les portes des autres classes s'ouvrent. J'entends des cris s'élever.

– Il y a Émilie qui hurle, elle a la tête en sang !

La panique !

Je croise des élèves de sixième rentrant d'une sortie scolaire. Un vent de frayeur souffle sur les rangs qu'ils forment, les petits s'écartent : j'ai l'air d'un zombie déferlant à toute vitesse ! Ils sont morts de peur.

Les mains gorgées de sang, j'ouvre la porte de l'infirmerie. La directrice est là... Ses yeux s'écarquillent d'angoisse.

– Allonge-toi, je vais mettre du coton sur ta plaie, me dit-elle gentiment.

Elle prend le temps de téléphoner aux pompiers. Têtue comme personne, je refuse toute aide extérieure !

– Je ne veux pas aller à l'hôpital. Appelez ma grand-mère, s'il vous plaît !

D'habitude, la directrice ne peut pas me piffer. Je suis plus souvent allée dans son bureau à cause des bêtises que j'avais faites. Cette fois-ci, il faut qu'elle me soigne.

– Tu sais, tu as une plaie ouverte, on va devoir faire des points de suture pour refermer. Tu comprends ?

Je n'en ai strictement rien à faire. Tout ce que je veux, c'est me barrer de cette école. La douleur est trop forte !

Ma grand-mère arrive enfin. Devant mon état, elle panique.

– Oh mon Dieu, que s'est-il passé ?

La directrice lui raconte. Mamie Dubois décide de m'emmener chez son médecin traitant. La salle d'attente est pleine, mais, grâce à mes gros bandages, je passe devant tout le monde. Je ressemble à une momie.

Le généraliste examine ma blessure et, d'un ton inquiet, annonce :

– Je vais mettre des agrafes !

– Ah bon ?, s'étonne ma grand-mère.

– Elle ne veut pas aller à l'hôpital ? Alors, je vais le faire !

Le médecin sort un rasoir électrique orange.

– En revanche, je suis obligé d'enlever des cheveux !

L'impact se situe au-dessus de mon œil droit, au niveau de ma chevelure.

Il m'allonge... Je sens mon sang couler vers le dos. J'entends le bruit du rasoir s'approchant de moi, comme une tondeuse prête à me ravager. Mon cœur palpite d'angoisse...

Tout en pleurant, je me dis : « Merde, pourquoi ça n'arrive qu'à moi ? »

Des mèches tombent comme des gouttes de pluie. J'enrage. À vif, il me pose trois ou quatre agrafes sur la plaie.

Arrivée chez ma grand-mère, devant le miroir, je ne peux m'empêcher de soulever le coton. Le résultat est monstrueux : une bande sans cheveux et des agrafes bleues...

Je retourne à l'école avec un bandeau sur la tête. Un cache-misère ! Je voudrais que personne ne puisse voir ce carnage. Pendant longtemps, on me surnomme « La mèche » parce qu'une courte mèche repousse petit à petit... Un centimètre par mois... Il faudra un an pour retrouver une longueur convenable.

Rémi est encore dans ma classe. Il m'a ouvert le crâne et n'a pas reçu la moindre sanction. Je ne comprends pas pourquoi. Moi, j'ai toujours une cicatrice !

À l'école, rien ne change... En cours, je suis du genre à jeter des boulettes entourées de scotch dans le dos de la prof. Mes camarades m'adorent et m'élisent à chaque fois déléguée. Je n'en suis pourtant pas la meilleure candidate ! Si bien que, quand je dois surveiller une classe lorsqu'un enseignant s'absente, c'est la cohue générale. L'ordre, ce n'est pas mon truc ! Une fois que les professeurs se rendent compte du phénomène, on me retire aussitôt mon titre de responsable de classe. J'aurais fait une mauvaise présidente de la République...

Résultat : je me retrouve en conseil de discipline à plusieurs reprises ! La sanction finale tombe en classe de quatrième : je suis définitivement renvoyée. Je perturbais tout le monde. Une enseignante m'avait dit un jour :

– Tu es comme une pomme pourrie, on te met dans un endroit, que ce soit devant ou derrière, et tu arrives toujours à perturber la classe.

Après réflexion, ça devait être un vrai calvaire pour eux. Pour moi, ce fut malgré tout deux bonnes années...

Rebelle comme personne, je crée une manifestation avec mes camarades. Le slogan ? « Émilie reste ici ! » L'idée est simple : les collégiens sèchent les cours et manifestent pour que je ne me fasse pas virer. Mais la décision est irrévocable ! À 7 h 30, lorsque j'arrive à l'école avec mon drap sur lequel figure le slogan – j'ai passé des heures à le réaliser –, la sonnerie retentit ; tout le monde rentre. La directrice apparaît, attrape par les oreilles les élèves récalcitrants pour les faire entrer en cours. Je me fais chasser ; elle arrache mon drap en me disant :

– Tu ne vas pas t'en sortir comme ça, Émilie !

Elle est de grande taille, très maigre, avec un carré lisse, de grosses lunettes et un gros poireau sur le visage. Et de grands pieds qui me font peur.

Je vais donc dans une autre école, à Marcq-en-Barœul !

Un surveillant de mon précédent collège, Mohamed, m'avait glissé dans le creux de l'oreille, pour rigoler :

– Là-bas, ils sont tous comme toi ; quand tu t'énerveras, tu pourras balancer des chaises au milieu de la classe... Tu n'es pas faite pour être ici, tu es trop dissipée !

J'arrive en cours d'année dans ce nouvel établissement. Une autre ville, un autre collège... Une nouvelle vie ! Je me suis fait très vite de nouveaux amis... et la jeune demoiselle turbulente que je suis a rapidement repris le dessus. Me voilà, encore une fois, en conseil de discipline ! À une différence près : cette fois-ci, on me laisse terminer mon parcours au collège.

Dans cette école, afin de ne pas avoir de devoirs surveillés, je mets du chewing-gum dans les serrures, pour gagner du temps. Je fais sonner les alarmes d'incendie. Je sors de mon chapeau de multiples stratagèmes. Je sèche encore et toujours les cours... Aujourd'hui, en me replongeant dans cette époque, je trouve mon comportement abusé !

À la fin de la classe de troisième, il est l'heure de passer le brevet des collèges !

Un établissement est tiré au sort pour effectuer les examens. Ironie du destin, c'est mon ancienne école qui est désignée. Je me retrouve en compagnie de mes vieux et de mes nouveaux camarades. Je connais tout le monde ! Plusieurs classes sociales se croisent : les enfants de pauvres et ceux de riches. Je fais partie de la première catégorie, comme l'ensemble de mes amis. Les parents des enfants de la deuxième ont de bonnes situations.

À l'opposé de notre univers ! Dans le Nord, on surnomme leurs gosses « les bobos » ou « les mecs avec leurs mèches sur le côté ».

Une de mes nouvelles copines me demande une cigarette. Je ne fume pas, mais j'en réclame une à un des garçons assis par terre en compagnie de ses complices de la haute bourgeoisie. Il refuse catégoriquement.

– Vas-y, dégage ! T'es une clocharde, t'as rien. Demande à tes parents !

Pas cool !

Je réplique :

– Attends, tu vas voir !

– Je vais voir quoi ?

Et il me balance avec force sa pochette à la figure !

Sans hésiter, je riposte :

– Attends ce soir à la sortie.

Je m'en vais en colère, la gorge serrée, prête à remuer ciel et terre. Et c'est ce que je fais ! J'en parle à tous mes amis des deux collèges en leur expliquant que ce garçon m'a insultée et agressée... J'en rajoute pour donner plus de crédit à mon histoire. Un petit mensonge n'a jamais fait de mal.

Cela aboutit à une bagarre générale. Le lendemain, après les épreuves, rebelote : une nouvelle rixe éclate entre les pauvres et les riches. Je n'en suis pas fière ! Les parents des bobos portent plainte. On passe tous, un à un, au commissariat. Ça cause d'ailleurs de grosses difficultés à mon amie Vanessa, qui est interdite d'école.

Ce collège marque aussi la naissance de mon premier flirt.

À la sortie des cours, dans la rue, je croise un groupe de garçons, dont un jeune en scooter bleu. Il doit avoir dix-huit ans. J'en ai seize. Jusqu'à cette période, je ne faisais pas vraiment attention aux gars. Quelques amourettes, mais sans plus. Lui, je le remarque tout de suite !

Le lendemain, je le revois devant le collège, il vient chercher son cousin. Je ne sais plus exactement comment, mais on finit par se parler. J'ai un vrai coup de cœur, la foudre de Cupidon s'abat sur moi.

Notre relation dure un peu plus de deux ans. C'est intense ! Quand on est jeune, on vit les émotions différemment et de manière beaucoup plus forte.

Un jour, je cherche à le joindre par téléphone, mais en vain. Ça sonne dans le vide ! « Il finira par répondre », me dis-je. Pour passer le temps, je me balade en ville. Et là, je tombe par hasard, dans une ruelle déserte, caché des regards, sur mon amoureux en compagnie d'une de mes copines de classe. Cette trahison est un « choc » !

Quelques jours plus tard, je lui pardonne sa dérive et notre idylle recommence. Pour quelques mois seulement. Sa vision de l'avenir est trop différente de la mienne. On ne s'entend plus !

Les flirts, ce n'est pas pour moi. J'ai toujours eu de réelles histoires sérieuses et passionnées, mais elles n'ont pas duré. Avec mon caractère bien trempé, je sais ce que je veux. Et en amour, je suis une fille assez compliquée ! Aujourd'hui, avec le recul, je pense que mon côté sympathique et amusant est vraiment l'un de mes points forts, tant dans ma vie amoureuse que professionnelle : je suis quelqu'un de vrai.

À la maison, ma mère a envie de me faire plaisir : je ne suis pas capricieuse, j'ai conscience qu'elle n'a pas la possibilité de m'offrir quoi que ce soit. Je ne lui demande rien ! Vanessa a des choses que je ne peux pas me payer. Souvent, des copines me prêtent des fringues. Je le vis bien : je ne connais que ça. J'évolue dans un milieu modeste, les personnes que je fréquente n'ont pas beaucoup de moyens, hormis la famille Dubois. Mon parrain m'achète des affaires à chacun de mes anniversaires. À chaque fois, j'ai carte blanche pour m'offrir ce que je désire au centre commercial. Mais sinon, je vis sans argent. Je n'en souffre pas.

Le matin, Maman me dépose à l'école, jusqu'à ce que je me rebelle : sa voiture – une Renault 5, âgée de vingt ans, de couleur noire – est trop moche. Je ne veux plus qu'elle m'emmène ni qu'elle vienne me chercher. Le plancher de sa voiture est tellement abîmé qu'il y a des trous au travers desquels on voit le bitume. Un désastre. Pas question que mes camarades de classe me voient dans cette épave.

– Maman, largue-moi un peu avant.

Trop la honte !

À l'école, en début d'année, il faut remplir un questionnaire d'informations. C'est un moment relou. En face de

« Coordonnées du père », j'écris « Père inconnu ». Mes camarades me fustigent.

– C'est pas possible, ça n'existe pas !

– Mon paternel ne m'a pas reconnue, donc, sur le papier, c'est « Père inconnu ».

C'est déroutant, mais je ne le vis pas mal : je ne suis pas une victime mais une fonceuse. Je suis une meneuse, pas une suiveuse. Si on se fout de moi, ça ne dure jamais longtemps : je ne me laisse pas faire. Il m'arrive même de répondre à ma mère... Personne ne me fait peur. Je ne souffre pas extérieurement, je ne me victimise pas.

Entre les délires alcoolisés de mon beau-père et nos problèmes financiers, je préfère rester dehors qu'enfermée chez moi. Quand on sèche les cours, on fume des cigarettes, mais je n'ai jamais été accro : je n'aime pas vraiment ça, je fais juste comme les autres. Je n'ai jamais sombré dans la drogue ou dans l'alcool. Ça ne m'attire pas du tout de toute façon. J'en ai assez souffert avec mon beau-père. Aujourd'hui encore, je ne bois pas souvent, ça me fait peur.

À force de traîner dehors, je suis toujours fourrée dans de sombres plans et avec les mauvaises personnes. Je suis la première à faire des conneries : jeter des pierres sur les voitures, balancer des œufs sur les maisons du quartier, voler des bouchons de valves sur les roues des bagnoles tunées... Je cherche un moyen de me faire remarquer.

Ma douleur s'évacue dans la colère, dans des conneries de petite délinquante, que j'ai arrêtées dès que j'ai commencé à entrer dans le monde du travail. Je n'en peux plus de cette situation. J'ai la rage de vaincre. Finalement, ma vie est un peu l'histoire d'une revanche...

4
DIX EUROS

En classe de troisième, je veux absolument faire du dessin. J'adore ça... Je souhaite devenir dessinatrice publicitaire. Mon professeur de sciences m'en dissuade.

– Dessinatrice publicitaire, tu n'y arriveras jamais, le niveau est trop haut, ce sont des études de dingue.

Je suis trop nulle, c'est mort, autant laisser tomber. Pour être dessinatrice publicitaire, il faut cinq années d'études en enchaînant les stages, sans gagner d'argent. Ce n'est pas possible.

– Ce que tu peux faire, c'est t'inscrire à un BEP secrétariat : tu apprends dans ce domaine et tu verras après ce que tu veux faire.

– Oui.

Finalement, les professeurs ne m'ont jamais tirée vers le haut ni donné la motivation et l'opportunité d'aller plus loin. Ils me disent clairement que je suis médiocre et que, mis à part faire le clown, je ne suis bonne à rien. Je veux travailler au plus vite, j'abandonne donc à contrecœur mon rêve de devenir illustratrice.

Les places en BEP secrétariat sont les dernières qu'il reste pour s'inscrire... Ça ne me plaît pas du tout. C'est plus terre à terre et à l'opposé de ma matière phare. Je ne suis absolument pas attentive en cours et plus souvent fourrée sur les tchats, les skyblogs ou sur Internet... Alors que mes camarades apprennent religieusement à taper au clavier, je ne suis pas concentrée ! Rebelote : je passe à nouveau en conseil de discipline. Je suis même exclue d'un cours : « En complicité avec sa camarade Stéphanie, Émilie fait fonctionner son téléphone portable afin d'animer la classe (sonneries exotiques). Prise sur le fait, elle passe le téléphone Sagem MyX-3 bleu clair à Stéphanie. Coutumière de ce genre de "fait d'arme" en douce, la présence d'Émilie en cours nuit gravement à l'ambiance générale de travail », peut-on lire dans un rapport daté du 25 mars 2004 me concernant.

À la fin de l'année, il est temps d'effectuer quatre semaines de stage en administration. Je ne le veux absolument pas... Je me renseigne autour de moi pour savoir ce que je peux faire.

– Tu peux faire de la coiffure !

Pourquoi pas ! Je n'aime pas pour autant ce domaine, mais c'est toujours mieux que de travailler en cabinet dentaire ou en mairie...

Je négocie avec la directrice de l'école pour faire mon stage en coiffure, au salon « Salut les 60 », avec Nadia, à Marcq-en-Barœul. C'est la première fois que j'entre dans un salon. Les nanas sont super sophistiquées. Je commence à me sentir hyper féminine. Jusque-là, j'étais très masculine, je ne me fringuais qu'en baskets et survêtement. Une vraie racaille ! J'étais très garçon manqué. Ça ne m'intéressait pas de m'habiller en fille. Depuis toute petite, je jouais avec des jeux de garçon, comme des voitures électriques. Dans mon quartier, je ne traînais qu'avec des gars, à part Vanessa... Je m'identifiais à eux en m'habillant et en me comportant de manière similaire. Encore aujourd'hui, j'ai parfois tendance à me comporter ou à parler comme un mec.

Mon expérience dans le salon de coiffure est bonne. Nadia est sévère mais juste. Ce stage me permet de devenir une « femme »... Je change de coupe de cheveux et je prends soin de moi.

Un jour, les Dubois – ma famille d'adoption – m'informent qu'une nouvelle loi sur les tests de paternité vient d'être mise en place. Ils me poussent à en faire la demande pour obliger mon père biologique à me reconnaître et en assumer les responsabilités. Au début, je ne vois pas l'intérêt à entrer dans sa vie et à mettre en l'air son mariage parce qu'il a eu une liaison avec ma mère. Je n'ai pas envie de remuer la merde. Un an auparavant, je lui ai téléphoné et il m'a demandé de ne plus l'appeler. Il a coupé court à la conversation...

Le dimanche, mes amies vont au marché s'acheter des doudounes ; moi, je n'ai pas une thune, je galère. Alors, je me dis : « Mon père a de l'argent : il est propriétaire d'un appartement dans le Sud, une belle voiture, une maison... Pourquoi, moi, je devrais vivre dans la misère ? C'est lui qui m'a mise au monde... » Je trouve anormal que Maman et moi vivions dans une telle galère alors que lui semble vivre heureux et dans le confort. Il est aussi responsable de toute cette situation. Au lieu d'effectuer des démarches de reconnaissance dans les règles, je décide d'agir à ma façon. Je veux qu'il sache ! Avant, je préférais le laisser tranquille, mais c'est terminé. Maintenant, j'ai besoin de m'exprimer. Il doit m'entendre.

J'en parle à mon amie Vanessa et nous montons un plan d'attaque ! Nous réussissons à repérer son lieu de travail. Ni une ni deux, nous prenons le scooter de mon alliée, direction le centre-ville. Sur la route, nous chopons une carte de la ville, trouvée près d'un arrêt de bus. Arrivées à destination, nous croisons un homme et nous lui demandons si Patrick est là. Malheureusement, il est déjà parti. Ce monsieur nous informe que Patrick termine à 19 heures.

Le lendemain, nous revenons à l'horaire indiqué par son collègue. Après quelques minutes d'attente, nous le voyons sortir, vêtu de son costume de chauffeur de bus. Il est plutôt de grande taille. C'est lui, j'en suis sûr ! Je reconnais son visage, le même que sur la fameuse photo à la maternité. Il n'a pas changé physiquement : grand, yeux verts en amande... Je suis stressée, mon cœur palpite, j'ai peur de sa réaction et de ce qu'il va me dire. J'ai l'impression de faire quelque chose d'interdit, d'illégal...

Il se dirige vers sa voiture, je cours à sa hauteur. Il a dû m'entendre et se retourne. Il me regarde, comme en état de choc, de ses grands yeux verts...

– Que fais-tu ici ?, bégaye-t-il.

Il me reconnaît. J'ai beau être étonnée, je suis quand même sa fille ! Il a dû me reconnaître car je ressemble quand même à ma mère. Puis, le regard, ça ne trompe pas : on parle aussi avec les yeux.

– Je suis ta fille et je veux que tu assumes, maintenant ! Avec Maman, on galère, on n'a pas de thunes.

Mon cœur bat à toute allure... Mon père est devant moi et je lui parle ! De visage, je lui ressemble, c'est encore plus troublant. J'ai beau être rebelle, je suis toute chamboulée. Mais pas question de montrer mes émotions. Je garde tout au fond de moi. Sa réplique est brutale :

– Tu es un accident, je ne t'ai jamais voulue et ta mère le savait très bien !

Je m'arrête un instant, déstabilisée par la violence de sa réponse. Est-il sincère ? Je le crois ! Je ne dois pas m'effondrer devant lui. Pourtant, je trouve dégueulasse ce qu'il vient de me balancer. Ça fait mal. C'est un gros connard, un égoïste. Il ne se rend pas compte de la situation. Il me déçoit tellement que je n'ai envie que d'une chose : me barrer et le laisser planté là. C'est un pauvre type sans cœur.

– Maintenant, je suis là et j'existe ! J'ai besoin que tu nous aides parce que Maman n'a vraiment pas beaucoup d'argent.

Il me regarde presque de haut.

– Bah écoute, si c'est comme ça, je te donnerai les petits pourboires reçus de mes clients. File-moi ton numéro de téléphone, je te rappellerai.

Je lui passe mon 06. Et on se dit au revoir, sans qu'il m'offre le moindre signe d'affection. Quelle tristesse...

C'est un inconnu et il n'a jamais fait partie de ma vie. Il ne m'a pas élevée. Depuis toute petite, j'ai toujours privilégié les liens du cœur. Je suis de son sang, mais ça s'arrête là. Je repars avec Vanessa. Mais je ne crois pas aux paroles de mon père. On verra bien. Je suis quand même contente d'avoir fait cette démarche. Fière de moi-même d'avoir pris mon courage à deux mains pour l'affronter. Les mots qu'il a eus sont dégueulasses et renforcent ma conviction que les hommes sont des lâches. Il m'a tellement déçue que je n'ai plus envie d'effectuer le test. Je me dis : « Démerde-toi toute seule, arrête de chercher de l'aide. Personne ne viendra te secourir. »

Quelques jours plus tard, alors que je ne m'y attends pas, j'ai la surprise de recevoir son appel. Il me donne rendez-vous dans une rue, face au centre commercial, devant un arrêt de bus. La discussion est brève – cinq minutes, pas une de plus.

– Je veux bien t'aider, mais je n'ai pas grand-chose, voilà tout ce que je peux te donner.

Il sort de sa poche quelques pièces, à peine dix euros... Le prix de sa paternité !

– Je ne peux pas rester, il ne faut pas qu'on me voie avec toi.

Pour mon père, je valais donc dix euros...

Je n'ai revu mon père qu'en 2020, en plein tournage de l'émission *Mamans et célèbres*. Lors d'une discussion – devant caméra –, mes deux acolytes, Vanessa et Stéphanie, me disent que j'ai un problème avec les hommes. C'est possible...

– Sais-tu où habite ton père ?

– Oui.

– Eh bien, on y va !

La caméraman s'y oppose : ce n'est pas prévu dans le script. Elle téléphone à sa direction, qui approuve finalement l'idée. On part donc en mode caméra cachée chez mon père. Je ne l'ai pas vu depuis plus de quinze ans.

En arrivant devant chez lui, je me dis : « Laisse tomber ! » Les volets sont fermés, tout semble abandonné. Comme il est plus âgé que ma mère, il est probablement mort.

La caméraman se cache derrière un arbre, prête à éterniser l'instant. Je remarque que les poubelles ne sont pas vides.

– C'est habité !

Je suis hyper bien fringuée, en mode Saint-Valentin, vêtue d'une petite jupe. Je me suis apprêtée pour le tournage.

Je sonne chez la voisine. Elle ouvre la porte, me regarde.

– Qui êtes-vous ?

– Je suis une connaissance de Patrick, je voudrais savoir s'il habite toujours là.

– C'est un vieux monsieur, il vit dans sa maison avec sa femme mais ne sort jamais. Allez-y, il est là.

L'angoisse freine mon élan. Vanessa vient à ma rescousse.

– Je vais faire semblant d'être un agent immobilier.

Une fois devant la maison de mon père, elle frappe...

– Qui c'est ?

La pression monte... Je flippe et recule.

– C'est l'agence immobilière.

Un volet s'ouvre sur un énorme ventre plein de vergetures... Je lève les yeux et découvre le visage d'un vieux monsieur, à la chevelure hyper grasse et portant de vieilles lunettes. Je reconnais ses yeux en amande. Nul doute, c'est mon père !

– Est-ce que votre maison est à vendre ?

– Non.

Il me regarde avec insistance.

– Vous êtes sûr ?

– Non, pas à vendre.

Avec ses yeux, il n'arrête pas de jongler entre Vanessa et moi. Vanessa se tourne vers moi.

– Tu n'as rien à ajouter ?

Avec de grands yeux, je fais non d'un signe de tête.

– Vous savez qui c'est ?

Il me dévisage.

– C'est Émilie, ma fille.

Je me mets à pleurer ! C'est incontrôlable. Grand malaise. Je ne sais pas si j'ai envie de fuir ou de le prendre dans mes bras.

Il s'approche de moi... Mon cœur tremble.

– Comment va Aïcha ? Ne t'inquiète pas, on trouvera un moyen de se voir !

Là, son épouse arrive : elle est hyper vieille et me fait grave flipper avec ses longs cheveux gris et son tablier blanc... Elle crie :

– Dégagez !

Patrick s'adresse à elle.

– Rentre à la maison !

Puis, il m'explique la situation.

– Ma femme est malade et on vit comme ça : elle ne supporte pas la lumière.

Je ne suis pas bien... Je préfère me barrer. Vanessa lui lance :

– Vous voulez garder contact avec Émilie ?

– Oui.

– Je vous laisse son numéro dans votre boîte aux lettres.

– OK.

Il ne m'a jamais appelée. Évidemment. En 2021, en pleine écriture de ce livre, je décide de prendre mon courage à deux mains et de lui téléphoner.

– Patrick ?

– Oui.

– C'est Émilie. Tu ne m'as pas appelée l'année dernière ?

– Non. Je n'ai pas eu le temps !

– Tu n'as pas attrapé le Covid ?

– Non.

– Tant mieux.

– Je te rappellerai dès que possible. Je te fais un gros bisou.

Et il raccroche ! Décidément, mon père ne s'intéressera jamais vraiment à moi. Au fond de moi, je sais qu'il ne me contactera pas. Je suis déçue, comme toujours. Mais, comme toujours, je dois aller de l'avant.

5
PREMIERS PAS DANS LA COIFFURE

À l'approche de la vingtaine, j'ai un rêve : sortir de l'anonymat et briller comme une étoile. Pourtant, je n'ai aucun talent. Je ne sais pas chanter. Dans l'univers de la danse, c'est un désastre : j'oublie chacun des pas. J'ai essayé, mais impossible... Une catastrophe. L'idée de devenir célèbre se consume aussi rapidement qu'une cigarette.

Je tente de m'inscrire à un concours de Miss du haut de mon mètre soixante-neuf. Je me fais recaler, pour un centimètre en-dessous de la taille réglementaire. Je me dis : « Je n'ai que dix-huit ans, j'ai le temps de grandir. » Pas question de me décourager !

En 2007, une affiche accolée sur la vitrine d'un magasin de vêtements m'interpelle. Il est écrit : « Recherche jeunes filles pour Top Model Belgium. » Comme l'affiche l'indique, cela a lieu en Belgique, à un quart d'heure de chez moi. Mon envie d'y participer est immense. Pas de taille minimum, ça tombe bien. Les frais d'inscription et un tee-shirt sont offerts. Sans hésiter, je me lance dans l'aventure et concours au Top Model Belgium. Le pré-casting a lieu dans un hôtel à Lille. Nous sommes nombreuses ; je ne me sens pas à la hauteur parmi toutes ces belles nanas. Mais je me dis que le plus important est d'y participer.

L'audition terminée, je dois attendre la décision du comité afin de savoir si je suis retenue.

Quelques semaines plus tard, une lettre dans ma boîte m'annonce un avis favorable. J'exulte de joie. D'autres étapes sont à venir ! Je démarche des entreprises pour qu'elles deviennent mes partenaires et figurent sur mon flyer : le coût est de trente à trente-cinq euros l'encart. Sans cela, impossible d'accéder à la finale. Il y a du business dans l'air ! Il faut aussi réserver des tables pour ma famille lors de la soirée du concours... Mais c'est payant. Malgré tout, ma mère et plusieurs de mes proches sont présents... Ça me touche beaucoup, j'en suis ravie. Je conçois moi-même une robe, si remarquable que toutes les filles me disent : « Mais comment as-tu fait ? Elle est juste géniale ! »

Je suis super fière ! Le travail paie toujours. J'arrive en finale. Je ne gagne pas, je ne suis pas l'une des plus jolies ; j'ai du tempérament mais pas un physique de rêve. Je me trouve plus cool que belle. Néanmoins, mon rêve de participer à un concours de beauté vient de se réaliser... Pour moi, c'est une victoire.

Parmi les trois cent cinquante concurrentes, je fais la rencontre de Stéphanie Clerbois. C'est une nana très douce, avec un petit caractère lui donnant tout son charme. J'ai tout de suite perçu en elle une jeune femme sympathique. En plus, elle est belge et j'adore la Belgique, notamment la ville de Liège. J'aime l'accent des Belges ! Il faut choisir avec qui l'on souhaite dormir. Sans hésitation, on décide de partager la chambre. Il y a également une autre fille avec nous. Avec Stéphanie, l'entente est fusionnelle.

Ma rage de réussir est telle que je suis prête à soulever des montagnes pour m'en sortir. Je veux m'évader et devenir indépendante ! Ce besoin de gagner ma vie m'accapare de plus en plus. J'ai pleinement conscience des difficultés financières que ma mère rencontre. Je souhaite une existence différente. Alors, une seule solution : travailler. J'ai entendu dire qu'on peut empocher trois cent cinquante euros par mois en faisant un CAP coiffure en alternance. Il me faut trouver un stage dans un salon. Je commence mes prospections, mais ce n'est pas si simple que ça : beaucoup de professionnels ont déjà des apprentis. Puis, dans ma petite ville, le nombre de salons de coiffure est restreint. Je dois donc viser plus large et étendre ma recherche aux communes voisines. Mais en vain.

Après de multiples candidatures, je suis engagée dans une franchise de la grande enseigne Michel Dervyn. Le groupe monte un nouveau projet en créant sa propre école. Le concept ? L'étudiant doit être stagiaire chez eux et, en échange, ils lui offrent la formation. J'ai tout de suite signé, sans aucune hésitation.

Après plusieurs jours, je me rends compte que nous sommes plus perçus comme de simples intérimaires inutiles que comme les futures étoiles de la coiffure. Ce n'est donc pas fait pour moi. Je décide d'arrêter !

Je trouve un job dans un salon installé dans un centre commercial. L'équipe est conséquente : trente coiffeuses et quatre apprentis. Je m'attends à travailler sur de la chevelure, c'est tout le contraire. Le patron me demande de laver les serviettes, de faire le ménage et d'aller chercher la nourriture pour le midi. Je suis une vraie esclave ! Un jour, il m'ordonne même de nettoyer sa voiture, ce que je refuse catégoriquement. Je ne suis absolument pas à ma place et je ressens l'immense déception de ne pas être reconnue à ma juste valeur... Là, j'ai l'impression d'être la bonne du patron. Je commence à baisser les bras. Un jour, en me regardant droit dans les yeux, il me dit :

– Émilie, ton contrat de stage est reconductible, mais je ne veux pas le renouveler.

J'ai envie de lui répliquer : « Je m'en fiche ! » Je n'ai vraiment aucun intérêt à rester dans ce salon où l'on me fait bosser sur des plages horaires limite illégales, du style 10 heures-21 heures. La mentalité de l'établissement ne me correspond pas du tout. Les nanas sympathiques se comptent sur les doigts d'une main. Je suis bien contente de ne pas poursuivre.

Je reprends mon bâton de pèlerin et me lance dans de nouvelles recherches en envoyant des CV dans des agences d'intérim. Un jour, je reçois un appel téléphonique de l'une d'elles.

– J'ai une mission à vous proposer ! C'est pour aujourd'hui.

Je suis folle de joie. Le lieu du travail est à une heure trente de chez moi. N'ayant pas le permis de conduire, je demande à ma copine Vanessa de m'accompagner. Elle me dépose à l'usine. J'ai la tâche de trier les épinards. J'enfile des sur-chaussures en plastique, une charlotte sur la tête, des gants et un tablier... Me voilà prête à affronter ce nouveau job. Je me retrouve devant le tapis de tri des épinards. J'ai conscience qu'à l'usine, il y a une chaîne : une fois le produit trié, ce dernier passe dans les mains d'autres personnes, notamment pour le nettoyage et l'emballage. Je m'amuse à faire des formes bizarres avec les épinards, rigolant d'avance à imaginer la tête de celui qui va tomber dessus. Mais cela ne plaît pas à la direction, qui décide de ne pas me reprendre. Je ne fais donc qu'une journée !

Je recommence à chercher un poste en coiffure et je passe mon CAP. Je réussis avec brio, au grand désespoir de mes camarades, qui sont vraiment très jalouses. Elles estiment que je ne mérite pas ce diplôme car je ne fais rien en cours.

Je finis tout de même par apprécier ce monde... Il y a un côté artistique qui me satisfait, le fait de pouvoir créer.

Je remporte d'ailleurs plusieurs concours. Je suis élue meilleure apprentie de la région Nord-Pas-de-Calais.

Je suis contente : je commence enfin à travailler et donc à gagner un peu d'argent. J'économise et je passe mon permis de conduire. J'achète ma première voiture avec l'aide financière de ma grand-mère Dubois. Je me souviens lui avoir demandé :

– Peux-tu me faire un crédit de sept cents euros ? Je te rembourserai à hauteur de cent euros par mois.

6
LA MAISON DES SECRETS

En 2009, une envie de changer quelque chose dans ma vie s'affirme en moi. Je veux descendre à Paris et devenir coiffeuse de stars.

Un jour, alors que je suis devant mon ordinateur à explorer le monde immense d'Internet, je circule sur le site casting.fr. Une annonce recherchant des individus pour applaudir derrière les animateurs m'interpelle... La rémunération est de cent cinquante euros la journée ! Mon cœur s'emballe et je me dis : « Il faut que j'aille à Paris pour faire ça et gagner un petit peu d'argent. »

Je trouve aussi un autre casting pour participer à une caméra cachée. La production a besoin d'une femme brune, d'environ une vingtaine d'années et avec un sens de l'humour prononcé. C'est tout moi. Allez hop, illico, je réponds à l'annonce.

Tout de suite, je reçois un appel d'une Sonia, responsable de l'émission *Secret Story* pour le compte de la société Endemol. Je ne connais pas, je ne regarde jamais la téléréalité. La nana me pose plusieurs questions, elle adore mes répliques et mon franc-parler. Nous sommes mardi, elle me demande de venir à Paris le vendredi. Sans hésitation, je réponds par l'affirmative.

En attendant, je file sur Internet pour en savoir davantage sur cette émission. J'apprends qu'on peut empocher plus de cent cinquante mille euros. Mes yeux brillent de mille feux ! En mon for intérieur, je me dis : « C'est la chance de ta vie, il ne faut pas hésiter une seule seconde. » Mon objectif numéro un, c'est de gagner cette somme.

À ce moment-là, je suis vendeuse d'extensions de cheveux naturels ainsi que de perruques. Je demande à la personne avec qui je travaille s'il n'a, par hasard, pas de rendez-vous à Paris. Il m'informe que si. Ça tombe bien ! Je lui explique la situation...

Le vendredi, j'arrive à Paris avec mon collaborateur. Après ses rendez-vous, on file vers le lieu du casting. Il ne roule pas très vite, je suis en retard et énervée. Le stress monte ! Je me retrouve dans des couloirs parisiens haussmanniens à gravir d'immenses escaliers qui grincent. Je sonne à l'entrée. Une femme ouvre et me fait entrer. Elle se prénomme Khalifa. Elle me demande de remplir un premier formulaire et me pose des questions.

Soudain, j'ai une envie pressante.

– Auriez-vous des toilettes, s'il vous plaît ?

Khalifa m'y dirige. Généralement, je ne ferme jamais les portes des W.C., je suis claustrophobe. Cette fois, je me dois de la clore. N'importe qui pourrait entrer ! Je fais ma commission, je me lave les mains et j'allume le sèche-mains. Je tire sur la poignée pour sortir... Impossible d'ouvrir la porte. Elle est bloquée ! Mon cœur s'emballe. Je crie ! J'enlève ma chaussure pour taper sur le verrou, mais en vain... Rien n'y fait !

La panique m'empêche de respirer... Je tape à nouveau sur la porte, de toutes mes forces. Je hurle : « Au secours ! » Je recule, prend de l'élan et me projette sur cette dernière. Mais, au dernier moment, elle s'ouvre. C'est Khalifa, venue me libérer. Je tombe à ses pieds. Elle me regarde d'un air étonné et me dit :

– Avec toi, on ne va pas s'ennuyer, dis donc !

Je suis en nage, dans tous mes états... En stress total ! Je rigole aussi, les nerfs lâchent. Et puis, pour moi, l'important est d'être sortie de cette pièce. Je ne suis pas prête à participer à *Fort Boyard.*

De retour au calme, Khalifa me demande de remplir un autre formulaire qui comporte des questions sur ma vie privée : « Vous êtes-vous disputé(e) avec quelqu'un ? Si oui, avec qui ? », « Êtes-vous en couple ? », etc. Une pluie de questions pour me cerner. Comme je me suis pris la tête avec mon amie Vanessa, j'explique qu'elle vient de me trahir pour un mec...

Je suis en couple avec Sylvain, un Portugais sympathique, mais qui devient paranoïaque au fil du temps. Il est accro aux voitures, et surtout à la sienne. À tel point que, quand il retrouve son véhicule brûlé non loin de chez ma mère, il est persuadé que je suis à l'origine de cet acte de vandalisme. Il me fait la gueule ! La situation se tend à chacune de ses crises de délires aigües. Difficile de le comprendre.

Un soir, alors que nous sommes chez sa mère et que je me suis endormie dans le lit, il reçoit une notification sur son téléphone. Réveillée par la sonnerie, je regarde. Il s'agit d'un SMS venant d'une certaine Audrey : « Pourquoi tu ne me réponds pas ? » Fatiguée, je n'y prête pas plus d'attention et me rendors. Le lendemain, bien réveillée et les idées claires, je repense à ce SMS qui me turlupine. J'en discute avec mes copines.

– Tu as dû rêver, tu dormais à moitié.

Elles ont peut-être raison. J'en parle tout de même à Sylvain.

– Tu es complètement tarée, qu'est-ce que tu racontes ?

Il nie. Je mène mon enquête. Je fouille dans son téléphone et je tombe sur le numéro de cette fameuse Audrey. Je la contacte et vais à sa rencontre. J'apprends qu'il me trompe avec elle. Je suis choquée : elle est complètement à mon opposé. Il me trahit avec une strip-teaseuse... Ça me fait mal. Je le quitte.

Quelque temps plus tard, un véhicule raye mon aile gauche. Je vais chez Renault et tombe sur un garagiste séduisant, Cédric. Il est blond avec de beaux yeux bleus. Évidemment, mon cœur d'artichaut ne fait qu'un tour et j'ai un coup de foudre. Je sors rapidement avec lui. Avec du recul, j'ai ensuite réalisé que nous étions trop différents. C'est un mec très gentil, très drôle, mais pas fait pour moi. Puis, j'ai encore mon ex, Sylvain, dans la tête. Mon cœur balance.

Un soir, Sylvain veut absolument me parler... J'appelle Vanessa et je lui demande de passer la soirée avec Cédric pour qu'il ne reste pas seul. Mais, le lendemain, j'apprends qu'elle a passé la nuit chez lui. Je suis vénère ! Mais pourquoi m'a-t-elle fait ça ?

Voilà pourquoi Vanessa et moi nous sommes fâchées. Pour pas grand chose, finalement : il ne s'est rien passé entre elle et Cédric, elle s'est juste endormie.

Je rends le questionnaire rempli et j'attends. On vient ensuite me chercher pour entrer dans la pièce voisine, où trois personnes sont présentes : un homme sans cheveux, dont j'ai oublié le nom ; Sonia, la directrice de casting ; et Aurore, qui travaille avec Endemol.

Je me retrouve devant un fond de couleur face à une caméra. On me pose plusieurs questions : « Qui es-tu ? », « D'où viens-tu ? », « Qu'est-ce que t'aimes ? », « Qu'est-ce ne que tu n'aimes pas ? », « Qu'est-ce que tu fais dans la vie ? », « Pourquoi veux-tu faire cette émission ? »

Là, je réalise que je n'ai pas spécialement envie de faire de la télé à l'origine... Ce n'est pas mon objectif ! Je décide d'être sincère.

– Écoutez-moi, je suis là pour l'argent ! Je suis plutôt cool et authentique. Maintenant, si cette émission peut aussi être un plus pour ma vie, alors je veux la faire. Je donnerai mon maximum.

Je commence à expliquer un peu ma personnalité : extravagante, désordonnée, tête en l'air, très cash, impulsive et drôle. Je pense que ça leur a plu.

Le type sans chevelure cherche à me déstabiliser. Il essaye en tout cas ! Sauf que je ne me laisse pas faire. J'ai toujours eu beaucoup de mal avec les gens qui veulent avoir le dernier mot. Je suis peut-être un peu sanguine, mais à vingt ans, croyez-moi, personne ne pouvait m'écraser ni m'humilier. Son regard est d'une telle froideur... Il ne sourit pas et semble très énervé. Quand il prend la parole, c'est pour me rabaisser. Dès que j'émets un avis, une idée, il prend le contre-pied. Le dialogue entre nous deux est compliqué, d'autant qu'il élève plus la voix que moi. Il cherche clairement à me tester et à déceler mon caractère, mes limites et mes points faibles.

Une fois le casting terminé, ce monsieur se détend et me félicite.

– Tu ne t'es pas laissé marcher dessus, je trouve ça plutôt cool.

Il m'accompagne même jusqu'à ma voiture.

– À bientôt, j'espère... Tu as un bel avenir devant toi.

Quelque temps plus tard, une rumeur m'apprend que mon amie Vanessa a été démarchée par *Secret Story*. J'habite une petite ville et nous avons de nombreuses connaissances communes. Une copine m'a informé que Vanessa a reçu un appel téléphonique d'une personne de TF1. Aussitôt, je saisis que cela vient de la même émission de télévision et qu'on l'a contactée en rapport avec mes réponses indiquées sur le formulaire. La production s'est débrouillée pour trouver ses coordonnées en contactant Cédric. Il me demande s'il peut donner son numéro. Je suis en froid avec elle depuis qu'elle a passé une soirée avec Cédric. Malgré tout, j'accepte. Qui sait ? Ça peut peut-être m'aider à valider ma participation à l'émission.

Mais je commence à prendre peur. Faire de la télé est une bonne chose, mais balancer nos histoires personnelles, je n'en ai pas envie et je préfère renoncer à participer à cette émission plutôt qu'être humiliée ou critiquée devant des millions de téléspectateurs. Je ne suis pas prête à tout pour devenir célèbre ni pour gagner de l'argent.

Je contacte alors Vanessa pour qu'on puisse se voir avant et nous mettre d'accord sur différents points.

– Salut, c'est Émilie. Il faut qu'on discute !

– Tu veux quoi ? Je n'ai pas envie de te parler, laisse-moi tranquille. De toute façon, je vais changer de vie... Je me barre. Ça me fera du bien de ne plus te voir.

– Peu importe ce que tu penses, on va se revoir : je suis au courant que la production t'a contactée. Écoute, on va être ensemble, il faut qu'on se parle avant ; je n'ai pas envie qu'on fasse n'importe quoi. Je ne veux pas d'embrouille alors qu'on se connaît depuis des années.

C'est logique que Vanessa ne veuille pas reconnaître la vérité... Je suis devenue sa pire ennemie et, surtout, les candidats ont interdiction de parler de leur participation à l'émission à quiconque, pas même leurs amis et leur famille. C'est même stipulé dans les contrats. L'information est bien gardée... La production met beaucoup de pression : si une info sort, dans quelque média que ce soit, on ne sera pas pris.

Après une longue conversation, elle accepte de me rencontrer. Rendez-vous est pris dans sa voiture dix jours avant l'entrée dans la maison des secrets.

Le jour J, l'atmosphère est tendue. C'est moi qui crève l'abcès.

– Je sais que tu vas participer à *Secret Story*. Moi aussi. Nous serons ensemble. Maintenant, il faut qu'on se mette d'accord, car on ne va pas se critiquer mutuellement concernant nos histoires personnelles. On se connaît depuis que nous sommes petites, on ne va pas se disputer devant des milliers de personnes qui n'ont pas à connaître nos vies privées.

Vanessa est d'accord !

Finalement, cela a eu le mérite de nous remettre en contact et nous nous sommes donné rendez-vous dans l'émission... avec notre secret bien cadenassé. Nous ne pouvons pas traîner ensemble car, pour la production, Vanessa et moi sommes en guerre.

Nous avons bien gardé le secret en faisant toutes les deux semblant de n'avoir aucune nouvelle l'une de l'autre. On a berné la production. Pourtant, il était évident qu'on allait s'en rendre compte : on habitait dans un petit village, où les rumeurs se propagent vite. La production s'attendait-elle vraiment à ce qu'on ne découvre pas le subterfuge ?

Une semaine avant l'entrée dans la maison des secrets, la production me met en relation avec une femme qui a la charge de me surveiller. Je me retrouve donc avec « une nounou » qui me tient consignée dans une chambre d'hôtel, avec un petit lit pour chacune. Nous dormons dans la même chambre bien que nous ne nous connaissions pas. Mon téléphone est confisqué, je ne peux appeler ma famille et mes amis qu'une fois dans la journée, généralement le soir. Et c'est elle qui compose le numéro ! Elle surveille chacun de mes pas. Ensemble, on va au restaurant, au cinéma, on se promène dans Paris... Je dois obligatoirement porter une casquette et des lunettes de soleil pour passer incognito.

Malheureusement, Je ne m'entends pas avec ma nounou. Elle n'en fait qu'à sa tête sans respecter ni les règles ni les horaires imposés par la production. Par exemple, un soir, elle m'a fait sortir sur les quais à Paris et en a profité pour partir voir son petit copain... Elle n'avait évidemment pas le droit. Je ne l'ai jamais balancée.

Une autre fois, alors que nous sommes toutes les deux dans une loge dans le cadre de *Secret Story*, elle me dit :

– Je suis fatiguée, il faut que je me repose.

Elle éteint les lumières. Je me retrouve dans le noir, avec ma nounou endormie. Je sors dans le couloir et je tombe sur Hamid, le « chef des nounous ».

– Qu'est-ce qui ne va pas ?

Il a dû lire mon étonnement dans mon regard.

– Je ne suis pas à l'aise avec la fille qui me garde.

Il entre dans la pièce et la trouve allongée, dans le silence et dans le noir.

– Mais qu'est-ce que tu fous ? Tu es au travail et tu trouves le moyen de dormir ?

Il la vire sur le champ ! La production la remplace rapidement et je termine mes trois derniers jours avec une autre nounou, prénommée Laurie. Une jeune fille très professionnelle.

Vient le grand jour... celui du prime. Ce vendredi, l'angoisse est intense ! Je n'ai plus de nouvelles de mes proches depuis la veille puisque je ne peux les appeler qu'une fois par jour. Juste avant d'entrer sur le plateau, on me tend une boîte.

– Mets tes affaires personnelles dedans, tu les récupéreras une fois sortie.

Mon portable s'y trouve déjà... Je suis dans les loges, j'attends mon tour. Je suis tentée de prendre mon téléphone... Allez, j'y vais ! Je l'allume et j'appelle rapidement Cédric, qui regarde le prime en direct chez ma tante.

– Mais attends, c'est quoi cette histoire ? Tu vas passer à la télé et tu trouves le moyen de m'appeler ?

– C'est juste pour vous dire que je vous aime...

Je raccroche aussitôt. Si une personne de la production me surprend, je risque d'être virée immédiatement.

Ma tenue enfilée et ma valise en main, j'entends un homme de la sécurité me glisser :

– C'est l'heure, Émilie, c'est à toi... Go !

Ce dernier est accompagné de personnes portant des casques avec micro accrochés à leurs oreilles et qui viennent me chercher. J'entends des gens crier.

Je sors de la pièce et découvre une affluence de gens hystériques qui m'applaudissent et qui hurlent... Certains me filment. C'est bizarre. Ça me procure une sensation vraiment étrange : je suis dans un autre monde ! Dès que Benjamin parle, ils se mettent à hurler. Ils ne sont pas bien, c'est sûrement des acteurs. Je pense sincèrement qu'ils sont payés par la production pour faire le show. Est-ce que c'est le cas ou est-ce que ce sont de vrais fans de l'émission ? Je ne le saurai jamais. Je viens de pénétrer, sans réellement le savoir, dans ma nouvelle vie.

En face de moi se trouve un grand écran. À ma gauche, l'entrée de la maison des secrets. Benjamin Castaldi commence à me parler. Je n'entends pas ce qu'il me dit, les cris de la foule étouffent sa voix. Mais qu'est-ce que je fais là ? Je n'y crois pas, je suis enfin arrivée au moment tant attendu : l'entrée dans la maison des secrets.

Tout me semble surréaliste... Je suis ailleurs ! La voix de Benjamin me fait revenir sur terre.

– Allez, bonne chance !

Je suis sur un nuage, je viens juste de parler à Benjamin Castaldi pour de vrai !

Je toque à une immense porte bleue. Waouh, tout ça, c'est réel ! J'entre dans un premier sas de sécurité. La porte se referme derrière moi. Devant, une nouvelle, une sorte de miroir : je l'ouvre et j'aperçois quelques candidats. Je pénètre dans un très beau jardin, dans lequel se trouve une piscine sur la gauche, avec des transats de couleur blanche. Je fais le tour de la demeure : c'est une villa comme je n'en ai jamais vue... Le lieu est incroyable. Je visite la maison, qui se compose d'un énorme salon avec cuisine ouverte, un piano, une grande table transparente, un immense écran télé et les chambres. J'entre dans la chambre des filles et je choisis mon lit au hasard.

Je fais la connaissance de Didier, un mec au visage très fin. Je ne sais pas si c'est une femme ou un homme. Il est beau. J'apprends qu'il est hétéro et marié, mais qu'il aime s'habiller en femme.

– Mais tu vas dormir où ? Avec les filles ou avec les garçons ?

– Je n'en sais rien.

– Eh bien, choisis ! En revanche, j'ai un mec et, comme tu es un garçon, c'est un peu gênant. On ne peut pas dormir ensemble. Si tu n'as pas une minette entre les jambes, c'est mort, je ne dors pas avec toi.

Il explose de rire.

– Mais non je suis un mec, je vais dormir avec les garçons.

Je cherche Vanessa, mais il me semble qu'elle n'est pas arrivée... Je ne la vois pas. J'appréhende la réaction que je vais avoir en la voyant. J'ai tellement peur de me faire griller et que tout le monde comprenne notre supercherie. Ne pas réussir à jouer la comédie me terrifie ! L'idée que la production sache que j'ai parlé à Vanessa avant l'émission me déstabilise. Nous sommes en direct, la pression est encore plus grande !

La voix m'appelle pour me rendre au confessionnal. Je m'exécute ! Je suis en direct, mais on ne m'en a pas informée ! Vanessa entre. C'est le premier contact que je redoute tant. Je suis gênée. Pourtant, elle est parfaite dans son rôle : super énervée, elle tire une tête de six pieds de long, genre « Ouais, vous m'avez tous dupée... Franchement, vous m'avez bien eue ! » De mon côté, j'affiche un sourire nerveux. Dans ce genre de cas, je ris bêtement. C'est horrible ! Je ne sais pas où me mettre. Je prends un coussin se trouvant près de moi, je le mets sur mon visage et me dis : « Oh la la, Émilie, reste sérieuse... » La situation est vraiment cocasse !

La voix prend la parole.

– Nous avons retrouvé votre pire ennemie ! Votre secret est un secret commun : « Nous sommes les pires ennemies. »

Ça, je ne m'y attendais vraiment pas.

Depuis le plateau, Benjamin Castaldi intervient et commente la situation.

– Votre secret vaut dix mille euros par personne.

Les premières journées passent très vite : il y a énormément de choses à découvrir, de noms à retenir… Les nouveautés s'enchaînent, l'adrénaline est à son comble. Je vis un conte de fées… Ce à quoi j'aspirais depuis longtemps est en train de prendre vie. Mon existence prend un chemin différent et original, loin de ma petite ville du Nord-Pas-de-Calais.

Dès la première semaine, je suis nominée ! Ça m'énerve : je ne veux pas quitter le jeu tout de suite, sans toucher le moindre centime. Hors de question d'avoir fait tout ce chemin pour rien et, surtout, de ne pas aller jusqu'au bout afin d'approcher les cent cinquante mille euros. Heureusement, le public me sauve face à Daniela. Ouf !

Nous sommes enfermés, sans le moindre contact avec le monde extérieur. Même lorsque le décor change, nous devons rester dans nos chambres, portes fermées. C'est horrible pour moi, claustrophobe comme je suis. Des crises d'angoisses me saisissent aussitôt, mais mes camarades de la maison des secrets parviennent à me calmer.

Sincèrement, nous n'avons aucun contact physique avec l'équipe de production... C'est formellement interdit ! Nous sommes vraiment coupés du monde. Même avec Benjamin Castaldi : nous n'avons pas vraiment l'occasion de lui parler ni de le croiser. C'est après ma sortie que je l'ai vraiment découvert...

On s'interroge : comment est la vie dehors ? Le peu de personnes que nous croisons sont les caméramans, cachés derrière les miroirs. Le matin, dans la salle de bain, on les devine au travers de la vitre teintée. Ils sont habillés en noir. Parfois, on leur donne des surnoms.

Nous n'avons ni radio ni télévision. Absolument aucun contact avec le monde extérieur. Une fois, nous avons reçu une lettre de nos familles, mais c'est tout. Il y a un sas sans caméra pour les fanatiques de la cigarette. Dans les toilettes, il n'y a pas de caméra, mais sinon, l'ensemble de la maison est filmée. Tout est surveillé vingt-quatre heures sur vingt-quatre.

Et des instructions nous sont données tout au long de l'aventure par une voix qui sort des enceintes : « Mets ton micro », « Allez dans le salon », « Arrête de prononcer tel nom de marque », etc. On nous demande d'éviter toute injure à caractère raciste ou homophobe.

Quant aux douches, elles sont mixtes. Quand la voix nous annonce que l'eau chaude est active – seulement vingt minutes par jour –, tout le monde s'y précipite. Elles sont gigantesques, de la taille d'une chambre. On se lave tous en maillot de bain ou en sous-vêtements. Sauf une : dès lors qu'elle doit se raser les parties intimes, elle se douche à poil sous le regard heureux des garçons...

Les premières journées passent très vite : il y a énormément de choses à découvrir, de noms à retenir... Les nouveautés s'enchaînent, l'adrénaline est à son comble. Je vis un conte de fées... Ce à quoi j'aspirais depuis longtemps est en train de prendre vie. Mon existence prend un chemin différent et original, loin de ma petite ville du Nord-Pas-de-Calais.

Je suis à mille lieues d'imaginer qu'à l'intérieur de la maison se trouve une pièce secrète. Au bout de sept semaines, la production établit de fausses éliminations : Jonathan et moi. La semaine suivante, nous intégrons cette fameuse pièce secrète : dix mètres carrés, un lit et, surtout, deux écrans de télévision permettant d'observer l'évolution des autres candidats alors que ces derniers nous croient éliminés. Jonathan n'est pas l'individu que je préfère. Malgré tout, c'est une belle expérience ! On peut contempler toutes les personnes à l'intérieur de la maison. J'adore ça... J'ai toujours aimé espionner, c'est mon péché mignon.

Parmi les garçons de la maison, j'en ai remarqué un dès les premiers jours : Léo. Je ne suis absolument pas attirée par lui pour autant et, surtout, je suis en couple :

mon copain m'attend à l'extérieur. Hors de question de le tromper !

Bizarrement, au fil des jours, enfermée dans cette maison, loin du monde, je regarde d'une façon différente ce jeune homme de petite taille, mince, à la chevelure ténébreuse. Ce n'est pas du tout mon style, je suis surtout intéressée par les grands blonds aux yeux bleus. Mon cœur peut fondre pour Brad Pitt, Leonardo DiCaprio... ou encore Jérémy Menez.

Il y a en ce garçon quelque chose que les autres hommes n'ont pas. Un supplément d'âme, un charme indéfinissable. On s'entend bien, on est sur la même longueur d'onde et nous avons aussi des stratégies de jeu en commun. Il me fait rire et, dans cette ivresse à son égard, son élégance me fait chavirer. Jamais je n'aurais cru tomber amoureuse ! Et pourtant...

Difficile d'expliquer pourquoi je craque. Coincée à l'intérieur d'une demeure, enfermée pendant des jours, sans aucun contact avec l'extérieur, je n'ai plus aucun repère... Ma vision de la vie change ! Et je me mets à chérir des choses que jamais je n'aurais auparavant appréciées.

Cet amour naissant pour Léo me pousse à écrire une lettre à Cédric. Je dois l'informer de ma décision : c'est terminé entre nous. J'en aime un autre ! Je ne sais pas si la production enverra réellement le courrier, mais je me dois d'être honnête. Je n'envisage pas une double vie. Je suis une personne droite !

Mon chéri,

Par avance, je suis désolée de la peine que je vais te faire subir ! Je ne sais pas encore trop bien ce qui se passe dans ma tête, mais je préfère être sincère avec toi. J'ai eu un coup de cœur pour un autre garçon dans la maison des secrets. Alors, je pense qu'il est mieux de briser notre relation. Je m'en veux énormément.

Gros bisous,

Émilie

Avec Léo, on reste distants l'un de l'autre : hors de question de divulguer notre relation auprès de nos colocataires. Certains s'en doutent probablement. Mais pas vus, pas pris. On se rejoint la nuit, quand tout le monde est endormi, pour partager des moments d'intimité. Les caméras sont éteintes, la production ne peut pas filmer.

J'en profite pour rétablir une vérité. Un jour, la production a monté toute une histoire en faisant croire que j'avais eu un rapport sexuel avec lui. En réalité, Léo avait découvert mon secret. Il est venu m'en parler dans les toilettes.

– Il faut absolument que je te parle, je vais « buzzer » ton secret.

Il me le raconte. Puis, il souhaite absolument que je lui confirme afin qu'il ne perde pas d'argent. Il prétend qu'il me filera la moitié, mais évidemment je ne le crois pas et je le laisse marronner. Je finis par lui avouer qu'il a deviné mon secret. En sortant des W.C., je distingue la caméra zoomer sur moi. J'ouvre donc la bouche en grand, comme hébétée, en me disant : « Mince, on vient de se faire griller. » Précédemment, une candidate a été punie parce qu'elle avait livré son secret et avait perdu tout son argent. On va subir la même sanction, forcément ! Mais non, pas du tout : la production a préféré sous-entendre qu'on avait couché ensemble dans les toilettes. Tout ceci est faux ! C'est la première fois que je le raconte. Si j'avais voulu coucher, je l'aurais fait ailleurs et certainement pas à 16 heures... Je ne suis pas stupide au point de le faire en pleine journée, avec une robe longue et des boucles d'oreilles...

Léo ne reste pas longtemps dans l'aventure. Il est définitivement exclu après s'être bagarré avec F-X à l'intérieur de la maison, dans la chambre de ce dernier.

La situation est compliquée : c'est aux candidats de décider si on doit le réintégrer ou non. Bien évidemment, tout le monde refuse ! Je me sens seule et isolée de tous. Je suis triste de perdre mon binôme. Ah, l'amour, quand tu nous tiens...

Je le revois lors d'un prime en direct. Je sens son parfum. Ça me suffit pour savoir qu'il n'est pas loin. Je le vois débouler à ma hauteur. De ses mains, il attrape mon visage pour m'embrasser. Je ne peux le repousser, je tente de feinter en tournant la tête, mais en vain. J'ai un rire nerveux : je suis contente de le revoir mais aussi très gênée. Jamais je n'aurais cru qu'il m'embrasserait devant tout le monde. Je ne sais plus où me mettre.

Aujourd'hui, je regrette d'avoir partagé ces moments avec ce mec et, surtout, d'avoir succombé à son charme. À la sortie de l'émission, il m'a fait croire qu'il avait payé des personnes pour voter pour moi afin de profiter de l'argent que j'ai gagné dans *Secret Story*. Il m'a terriblement blessée ! Je le déteste ! Je ne l'ai d'ailleurs plus jamais revu après l'émission...

Dans la maison des secrets, la routine s'installe. Nous sommes convoqués tous les jours dans le confessionnal pour raconter nos journées. Un jour, en m'y présentant, je constate que l'endroit est en travaux. Des pots de peinture et du matériel traînent. J'aperçois des feuilles de papier enroulées.

Un technicien me dit :

– Émilie, excuse-moi deux minutes, j'ai un problème technique, les lumières vont s'éteindre... Je reviens !

J'attends dans le noir. Derrière la caméra se trouvent les feuilles. Curieuse, je m'approche et lis ce qui y est écrit : « Bienvenue dans la quotidienne. Aujourd'hui, on retrouve les candidats. Ils n'ont toujours pas découvert le secret de Cindy, qui est... » Je n'en reviens pas de voir son secret dévoilé.

Info ou Intox ? Comment, avec toute cette structure, ce concept d'émission télé, la production peut-elle être assez conne pour laisser traîner cette note ? Je repose le papier. Je me rassois comme si de rien n'était. Les lumières se rallument. Le technicien revient.

– Vous avez laissé le papier depuis quand ?

– Pourquoi ?

– Vous êtes con, il y a plein d'informations dessus. Combien de candidats ont vu ça ?

– Je ne sais pas. Attends deux minutes, Émilie, je reviens.

Au bout d'un moment, la voix m'annonce :

– Émilie, grâce à ton honnêteté, tu remportes la somme de dix mille euros. Ne dis rien à personne jusqu'à ce qu'on te donne le feu vert.

En retournant dans la maison, je vois Jonathan, absent, ailleurs, comme s'il réfléchissait. Je comprends qu'il vient de lire, lui aussi, la feuille. Il m'annonce avoir découvert le secret de Cindy. Il est à fond, il est complètement tombé dans le panneau... Je ne dis rien.

Une réunion est organisée dans le salon pour la confrontation. Jonathan doit argumenter devant Cindy. Il expose les faits. Je rigole intérieurement : son secret, c'est « j'ai 150 de QI » et il est con à ce point ? La voix finit par dévoiler toute la vérité. C'est mon souvenir le plus marquant : je suis fière de moi, j'ai été honnête, je n'ai pas menti. Tout cela m'a donné un certain crédit vis-à-vis du public.

Les semaines filent, les habitudes se mettent en place. Mais, un jour, la pause qui nous est accordée quotidiennement est plus longue que d'habitude. Il doit se passer quelque chose à l'extérieur. On constate bien que la caméra ne nous suit pas. D'habitude, quand j'enlève le micro, la voix m'ordonne immédiatement de le remettre. Mais là, rien... Silence !

Je me rends compte que les aimants de la porte principale ne fonctionnent pas et sont ouverts. Généralement, ils sont fermés. Avec les autres candidats, on décide de sortir. Il y a un sas de sécurité et nous ne pouvons pas aller à l'extérieur. Néanmoins, je réussis à passer derrière le miroir. Je vois des rails, comme ceux des chemins de fer, avec de grosses caméras disposées tout autour de la maison... C'est complètement dingue de parvenir de l'autre côté. Mais ça ne dure que quelques secondes. J'ai trop peur des représailles et d'être sanctionnée. Chaque matin, on entend du bruit. On a d'un coup compris que ce sont les caméramans qui font glisser de gigantesques caméras sur les rails...

Je prends mes marques au sein de la maison. Mais je reconnais avoir la chance d'être avec Vanessa... C'est mon repère. Je m'entends aussi hyper bien avec Sabrina, qui est une chouette nana. Il y a aussi Romain, qui vient de Los Angeles. J'ai une bonne relation avec Kevin et Jonathan, même si je les ai parfois détestés. Je me dispute beaucoup avec Cindy. Je l'adore autant que je peux, quelquefois, la haïr ! Il y a aussi F-X, qui nous fait beaucoup rire. Il est à la fois chiant et touchant. Il est taquin. Il a un côté grand enfant. Même quand il me soûle, je n'arrive pas à lui en vouloir ni à m'énerver contre lui. On s'entend très bien. Après *Secret*, on s'est revus à l'extérieur, dans des bookings ou à Paris. Sa mort a été un choc, je n'arrivais pas y croire.

Il était si jeune ! Il était extravagant, mais ça lui allait si bien... Il était beau. Je l'appelais « Naomi » parce qu'il me faisait penser à Naomi Campbell. Je pense souvent à F-X. Et ça me rend toujours un peu triste.

Être enfermée avec des inconnus pendant des jours et des jours est très étrange. Il y a des périodes avec et d'autres sans. Dans cette maison, les sentiments sont vraiment décuplés. Au bout d'un moment, les candidats deviennent comme des membres de notre famille, comme si on a toujours vécu auprès d'eux. Puis, on découvre les détails de chacun d'eux, au point de leur trouver du charme.

Mais je ne perds pas de vue mon objectif : simplement gagner une somme suffisante pour m'offrir une jolie voiture. Je ne désire rien de plus. Durant le tournage de mon portrait à Arras, j'avais vu une jeune fille avec de belles lunettes de soleil et une mini BMW magnifique ! Je me suis tout de suite dit : « Tout ce que je souhaite, c'est ça, une petite mini. » J'ai besoin de dix mille euros pour me l'acheter... Pas neuve mais d'occasion, ça m'ira très bien. Je ne veux pas repartir bredouille.

Le temps passe très vite, mais, en même temps, c'est très long... C'est vraiment quelque chose d'inexplicable. Il faut le vivre pour le comprendre. Il y a des jours où j'en ai complètement marre, au point d'avoir envie de tout plaquer et d'abandonner. Et, d'autres jours, tout va bien, je suis super heureuse. J'ai l'impression que plusieurs personnages habitent en moi.

Pour combattre l'ennui, avec Kevin, nous avons trouvé une activité qui me fait exploser de rire. Il faut se regarder l'un et l'autre derrière un miroir. Au bout d'un moment, on aperçoit nos visages se déformer. Ça peut paraître franchement stupide, mais il faut bien s'occuper !

Ce qui m'a le plus marquée, c'est la supérette. Devoir gagner sa nourriture est vraiment étrange. Il faut remporter certaines épreuves pour pouvoir choisir, dans une durée limitée, les mets de notre choix. Un jour, vers la fin de l'émission, la voix nous dit :

– La supérette sera ouverte pendant un temps illimité.

Nous n'avons pas compris qu'elle resterait toujours ouverte. Alors, on s'est précipités comme des fous pour la vider complètement.

Mon pire souvenir à l'intérieur de la maison, ce sont les moments où mon moral chutait ! L'envie de partir était parfois immense... et je ne pouvais pas m'en aller. J'ai demandé plusieurs fois à la production de me laisser rentrer chez moi... Mes larmes ne cessaient de couler. Je ne voulais pas participer aux activités... Je me sentais prisonnière. Je restais allongée dans mon lit, à l'écart. Cela étant, le moral finissait toujours par revenir !

Mon principal regret, c'est que Vanessa ne m'ait pas accompagnée en finale ! En demi-finale, nous sommes sept candidats : Bruno, Didier, Cindy, Jonathan, Sabrina, F-X et moi. C'est vraiment un moment de dingue, rempli d'émotions. C'est à ce moment-là que je me suis rendu compte que les gens m'aimaient vraiment. Lors d'un direct avec Benjamin Castaldi, j'entends crier dans le public : « Émilie, Émilie ! » Je comprends alors que je suis populaire. C'est complètement irrationnel, je ne réalise pas. Ce soir-là, je me qualifie pour la finale. Mais, dans mon esprit, ce n'est pas moi la gagnante. Je me vois comme une chanceuse, plus que comme la future vainqueur.

Les seules fois où je commence à prendre conscience de la dimension spectaculaire de l'émission, ce sont les vendredis soir, après le prime de TF1. Les spectateurs sortent du plateau télé et passent à côté de la maison en criant nos noms. J'entends souvent des « Émilie, je t'aime », « Émilie, tu es la meilleure ». Pour moi, ça vient forcément de personnes de ma famille. Je n'imagine pas un instant que des inconnus puissent s'attacher autant à moi.

Je suis donc à nouveau sauvée par le public lors de la demi-finale. Cette fois-là, avant d'être repêchée, l'angoisse d'être éliminée aux portes de la gloire est tellement forte... Psychologiquement, partir à quelques jours de la grande finale, ça me terrifie... Au point de perdre toute confiance en moi. Quand j'apprends que je suis finaliste, quel soulagement. Et quelle joie !

Je me souviendrai vraiment toute ma vie du 26 septembre 2009. Je suis tellement contente de quitter la maison. Ça devenait invivable de rester enfermée plus de trois mois...

Je ne m'attends pas du tout à ce que le public me reconnaisse dehors… Je suis vraiment loin de réaliser.

Le jour de la sortie, ils ouvrent cette fameuse porte, bloquée et fermée pendant trois mois… Elle vient enfin de se déverrouiller. Je sors ! Je croise des personnes de la sécurité, peut-être un pompier. Ensuite, au bout d'un long couloir, me voilà dans un endroit rempli d'une foule hurlante. Des flashs crépitent de partout. Les gens sont euphoriques. Je suis choquée ! Je passe par différents états d'émotion… Je ne sais pas si j'ai envie de pleurer ou de rire. Je traîne juste un sourire béat.

J'ai l'impression de revivre, je vois enfin d'autres êtres humains. C'est complètement dingue. Je viens de quitter cette prison. J'ai laissé derrière moi, dans cette maison, tant de bons souvenirs… Toute cette aventure a été incroyable et m'a procuré beaucoup d'émotions.

On m'appelle. Je monte sur le podium et j'aperçois tout le public criant. Micro à la main, je ne sais pas quoi dire… Je bégaye. J'ai envie de hurler tellement le trouble que je ressens est fort et intense. Benjamin m'accueille et me demande si je vais bien. Je n'entends rien ! La vérité, c'est que je suis projetée dans une autre dimension. Je n'imagine toujours pas gagner ! Je me dis juste : « Waouh, mais qu'est-ce que c'est que tout ce bordel ? »

Le public m'acclame ! Il m'adore alors que je n'ai rien fait, à part être moi-même. Je n'arrive pas comprendre pourquoi cette foule hurle mon prénom et m'aime, alors que je n'ai rien demandé ! À cet instant, je saisis que ma vie ne sera jamais plus pareille. La seule chose que je me dis, c'est : « C'est vraiment cool, si tous ces gens t'aiment, c'est parce que tu es restée toi-même, une jeune fille de vingt et un ans toute simple... comme tout le monde. »

7
NOUVELLE VIE

À ma sortie de *Secret Story*, je suis complètement déboussolée : tout a changé. Je ne peux plus mener une existence « normale ». Au revoir, ma vie d'anonyme... Mais c'est aussi ce que je cherchais. Mes moindres gestes sont scrutés par des paparazzis désireux de me photographier en compagnie de mon nouveau petit ami du moment. Ils me suivent dans Paris sur leur scooter à grande vitesse. Il est difficile de les semer.

Mon téléphone ne cesse de sonner pour participer à des émissions de radio et de télévision. De nombreux shootings photo sont aussi organisés. Je ne suis absolument pas préparée à ce mode de vie. Il devrait y avoir une formation pour apprendre à parler devant une caméra ou au micro. C'est un véritable savoir-faire que d'avoir du répondant ou de sourire lors d'un direct en public. Pourtant, je ne suis pas timide. Mais la foule et les caméras me mettent mal à l'aise.

Je rencontre mes idoles de jeunesses, comme Vitaa, avec laquelle je me retrouve dans une loge lors de l'émission *Attention à la marche* présentée par Jean-Luc Reichmann. Elle me dit avec un sourire :

– Je t'ai vue dans *Secret Story*.

– Et moi, je suis fan de toi ! Depuis toute petite, je chante tes chansons. Ça me fait vraiment très bizarre de te voir.

Vitaa est encore plus belle en vrai... et tellement gentille... Je vis un rêve !

Ma vie a littéralement changé ! Je suis super contente de rencontrer des personnalités que je ne voyais auparavant qu'à la télévision. Souvent, je leur demande de faire une photo avec eux et, parfois, ce sont eux qui me sollicitent. Les rôles sont inversés... C'est dingue !

On m'invite dans des vidéo-clips de rap. Après l'émission, j'entretiens plusieurs amitiés avec des chanteuses très connues à l'époque, notamment le trio de filles de Marseille Léa Castel-Melissa M-Kenza Farah. Le jour du mariage de Melissa, je rencontre plusieurs personnes et, de fil en aiguille, je me retrouve auprès du chanteur L'Algérino qui prépare, ce jour-là, le clip de la chanson « Sur la tête de ma mère ». Je ne suis pas du tout prévue au casting, mais, quand il m'aperçoit, il me demande aussitôt d'y jouer un rôle. J'adore sa chanson, alors j'accepte. Avec mon amie Léa Castel, nous sommes déguisées en policières. On a passé un très bon moment. Le clip a fait beaucoup de bruit et dépasse aujourd'hui les vingt-deux millions de vues.

Je reçois aussi une proposition pour enregistrer un single. J'accepte, non pas pour devenir chanteuse ni pour être célèbre, mais seulement pour m'amuser. Cela a fonctionné : j'ai même été invitée sur les plateaux télé pour chanter en direct, mais je n'étais vraiment pas prête à ça, j'étais trop timide pour faire ce genre de choses.

Depuis mon adolescence, je suis complexée par ma poitrine, trop plate. Je n'avais pas d'argent pour réaliser une opération. Sortie de *Secret Story* et après avoir empoché cent quatre-vingt-six mille euros, je téléphone à mon praticien, le docteur Mamlouk, avec lequel j'avais déjà eu plusieurs rendez-vous, pour lui donner mon feu vert. J'ai très peur, je refuse la chirurgie, mais le médecin, aidé de l'anesthésiste, trouve les bons mots afin de m'apaiser. On me fait une injection pour me détendre. Sur la console, je discute avec une amie qui me parle d'un plat gratiné avec du fromage fondu... Puis, ma mémoire s'estompe. On m'emmène au bloc opératoire, je sens cette table froide dans mon dos ainsi qu'un chauffage en-dessous de mes jambes... Je me sens légèrement vaseuse. Le docteur me demande :

– Êtes-vous prête ?

Peureuse comme je suis, je réplique :

– Non, absolument pas !

L'opération a lieu. Je suis fière de l'avoir faite alors que je ne m'en sentais pas capable. La douleur est en revanche excessivement forte, à croire qu'un camion m'est passé dessus. J'ai fait une rhinoplastie et une mammoplastie en même temps... Mes yeux sont complètement enflés, gorgés de sang et ma bouche est comme paralysée. Je me sens vraiment handicapée.

Pendant plusieurs jours, je reste donc enfermée. Les paparazzis, toujours fidèles, attendent devant chez moi. Ils ne comprennent pas pourquoi je ne sors plus. Que se passe-t-il ? Cela fait couler beaucoup d'encre. Les magazines people se demandent si je ne suis pas en pleine dépression...

Par ailleurs, grâce à une association, je passe du temps à rendre visite à des adolescents malades, qui me suivent depuis *Secret Story*, dans leur chambre d'hôpital... Ces rendez-vous sont toujours très émouvants et touchants.

Je me souviens notamment de Meghan. Sa sœur m'a laissé un joli message après son décès :

« Meghan avait 16 ans en 2010 et elle adorait le couple électrique que tu formais dans *Secret Story* avec Léo, à l'époque. J'ai contacté une cousine à moi, qui connaissait très bien une amie qui était en couple avec le frère de Léo (Fiona, je pense). Elle nous a mises en relation avec Léo et, d'ailleurs, il était venu à son anniversaire en mai 2009. Ensuite, vous êtes venues la voir, Léa Castel et toi, en février 2010.

Meghan adorait ta personnalité affirmée et ta franchise dans *Secret Story* et elle aimait aussi beaucoup Léa et sa chanson "Dernière chance" avec Soprano. Lorsque vous êtes venues la voir, Meghan était très malade, en phase terminale de son cancer du rein. Elle s'est battue dix ans contre la maladie. Meghan ne voulait pas que la maladie se voie. Le jour où vous êtes venues, elle était très fatiguée, mais elle s'est tout de même préparée et apprêtée pour vous voir, car ça lui faisait énormément plaisir. Meghan, qui avait beaucoup d'amies et qui aimait partager les moments de joie, n'avait pas hésité à appeler sa copine Safia pour que vous lui souhaitiez un joyeux anniversaire au téléphone. Son amie était trop contente, elle ne s'y attendait pas. C'était un moment super sympa et émouvant.

Ensuite, vous avez demandé à revoir Meghan, mais, malheureusement, elle s'est envolée le 9 février 2010, quelques jours après votre visite. »

Une histoire très triste qui m'émeut et me peine aujourd'hui encore.

Par l'intermédiaire de cette association pour enfants malades, je rencontre une femme. Âgée d'une trentaine d'années, très jolie, elle se dirige vers moi.

– Tu me fais penser à moi lorsque j'étais jeune !

Elle semble avoir vécu pas mal de choses et surtout connaître de nombreuses personnalités dans le milieu du show-biz. Je ne peux pas vérifier, mais je lui fais confiance : c'est une amie de la présidente de l'association. Elle se prénomme Carla. Comme je suis relativement seule à Paris, elle me dit vouloir m'aider à organiser mes plannings et à me trouver des contrats. Une manager ! J'accepte, puis je commence à me prendre d'affection à son égard.

Après mon opération, mon plâtre sur le nez me gêne ! Je prends donc rendez-vous avec mon chirurgien sans prévenir personne, à part elle et deux copines. J'ai hâte de découvrir mon nouveau nez.

Quelques jours plus tard, me voilà harcelée par les magazines :

– Nous avons des photos qui ne vous mettent pas en valeur, avec un gros plâtre sur le visage et des bleus autour des yeux. Voici notre proposition : nous organisons un shooting photo et vous nous donnez une interview exclusive en échange d'une sacrée rémunération. Et si vous refusez, nous sortirons les photos !

Les médias ont alors plus à gagner à diffuser ce style de photos, quitte à se retrouver en procès, le bénéfice des ventes étant largement supérieur aux frais d'avocat et aux éventuelles sanctions.

J'accepte donc d'effectuer ce shooting malgré ma tête de zombie. Ils ont retouché toutes les photos. J'ai les yeux injectés de sang… Une horreur. Je ne pouvais même pas sourire : mes lèvres étaient comme bloquées. Je sortais à peine de l'opération !

Je me pose la question : comment les médias ont-ils pu savoir que j'allais à ce rendez-vous ? M'ont-ils suivie ? Bizarre, je n'ai vu personne sur la route. Est-ce le médecin ? J'en doute. Mais la paranoïa peut vite faire irruption, au point de se méfier de tout le monde. Comme un détective, je mène mon enquête. Je recueille des informations auprès de mon docteur, qui m'informe avoir reçu un appel de ma manager pour savoir si le rendez-vous était bien confirmé. À cet instant, je comprends tout de suite qu'elle m'a trahie, très probablement en échange d'une belle somme.

Plusieurs années après, j'en ai eu la confirmation : elle était bien à l'origine de ce chantage. Je ne l'ai plus jamais revue.

À la sortie de *Secret Story,* je m'offre la voiture de mes rêves, une mini Austin bleue... Un plaisir raisonnable : je l'achète d'occasion. Je ne suis pas du tout dépensière, je fais attention à mon argent. Même si j'ai empoché une sacrée somme, je ne suis pas du genre à tout dilapider. Je veux surtout investir dans un projet. L'idée d'ouvrir un salon de coiffure me vient en tête. C'est mon domaine ! Malheureusement, je n'ai pas le diplôme pour pratiquer. Je réunis des amis de Paris et nous décidons d'ouvrir ensemble un salon de bronzage à Saint-Ouen. Le fruit de cette collaboration ne sera malheureusement pas positif. La communication entre nous est compliquée et je suis souvent absente. Nous n'avons pas les mêmes idées sur la façon de développer le business.

Lancée dans mes idées de création, j'ouvre dans le XIe arrondissement de Paris un salon de beauté avec bronzage, fish pédicure, etc. J'essaie de développer au maximum mon activité, mais ça devient difficile. L'espace est restreint et je manque de temps pour être suffisamment présente. Je dois donc embaucher des employées, mais nos relations ne sont pas au beau fixe. Nous avons des problèmes d'incompréhension. Et puis, les bookings en boîte de nuit me prennent aussi un temps considérable, sans compter mes passages télé et radio.

Le booking, c'est vraiment tout nouveau pour moi. Pour la première fois, je vais en boîte de nuit en étant payée ! Tout le monde veut me rencontrer, me faire la bise ou avoir des autographes. C'est réellement quelque chose de surprenant. Les soirées sont souvent mal organisées. C'est le cas notamment de l'une d'elles : une de nos « bookeuses » a négocié deux heures de ma présence dans un club. Sur place, on apprend que ça sera en fait trois heures. Je ne suis pas contente, ce n'est pas ce qui est prévu. Le vigile nous bloque dans la réserve pour nous empêcher de partir et nous obliger à rester une heure de plus. Néanmoins, je réussis à m'échapper... Je traverse le club devant une foule étonnée. Et, une fois dehors, une personne vient me chercher pour me raccompagner à mon hôtel. Ouf !

Clairement, les vingt-quatre heures d'une journée ne me suffisent pas ! Je réalise qu'il m'est compliqué de joindre les deux bouts. Il y a des jours tellement difficiles que je me résigne à rendre mon appartement. Je squatte chez une copine. Mais, malheureusement, son compagnon finit par revenir. Du jour au lendemain, je n'ai plus d'endroit où dormir. Je suis une SDF... Je décide donc de tout quitter à Paris et de retourner à Lille, où les loyers sont moins onéreux et où vivent tous mes amis d'enfance.

Je vis une idylle avec le chanteur français Singuila. C'est lors du Vitamine Party People à Toulon que je le rencontre. C'est mon amie Léa Castel qui a joué les entremetteuses. Plus jeune, j'écoutais ses musiques et, quelques années plus tard, je participe indirectement à l'écriture de plusieurs de ses tubes de 2010-2011. Je suis impressionnée d'être en couple avec un chanteur. C'est un garçon formidable et adorable. Mais il est toujours en train de travailler ! Après une année de relation, je comprends que nous ne sommes pas sur la même longueur d'onde. Je décide de le quitter. Il le prend mal mais finit par accepter. Je garde quand même un bon souvenir de lui.

8
JÉRÉMY, MON AMOUR

À l'été 2011, je me retrouve sur le tournage de l'émission *Les Anges de la téléréalité saison 3 : I love New York* diffusée à l'automne suivant sur NRJ 12, ainsi que sur Plug RTL. Cette troisième saison est commandée avant même la diffusion de la deuxième saison, de fin mai à fin juin 2011. Après Los Angeles et Miami, c'est donc dans la mégapole de New York que se tient l'émission. Les épisodes ont été tournés du 15 août au 25 septembre dans un loft de plus de six cents mètres carrés à Manhattan.

L'actrice Shannen Doherty est la marraine de cette saison des *Anges*. L'émission a duré six semaines et connu ses meilleures audiences lors des deux épisodes où nous sommes plusieurs candidats à partir à l'aventure pour essayer de développer nos activités respectives à New York. Je ne suis pas très concentrée : le concept ne me plaît pas vraiment et je ne fais pas toujours ce que la production me demande. Comme toujours, je suis un peu rebelle. Mon but est d'ouvrir un grand salon coiffure pour les stars. Mais je ne maîtrise pas suffisamment l'anglais pour réussir, alors je travaille dans un établissement français à New York. C'est vraiment chouette.

Lors de nos jours off, sans caméra, un jeune Français vient nous faire découvrir les endroits cool de New York... D'instinct, il me parle d'un homme que je dois absolument rencontrer à Paris. Il est persuadé qu'on s'entendrait bien... La personne mystère se nomme Jérémy Ménez et est joueur de foot au Paris Saint-Germain et en équipe de France.

L'idée d'un rendez-vous arrangé me déplaît. Pour quelle raison s'entendrait-on bien, ce Jérémy et moi ? Je refuse à plusieurs reprises la proposition.

Un jour, à Paris, je sors dîner dans un célèbre restaurant italien avec mon amie Céline, rencontrée le soir de la finale de *Secret Story*. Arrivées au restaurant, il ne reste plus qu'une table de deux personnes. Parfait pour nous ! Elle est juste voisine de celle où dîne ce fameux Jérémy Ménez.

Je m'assois, nos regards se croisent. J'ai cette impression métaphysique de déjà-vu. Une autre amie nous rejoint, on doit donc changer de table. Je me lève. Jérémy me dévisage.

– Vous nous quittez déjà ?

Je n'ose pas lui répondre. Mon amie s'en charge à ma place.

– Non, on change de table !

Il m'a pris pour une nana qui se la raconte...

Quelques jours plus tard, le 5 décembre, je suis invitée dans un restaurant-club à Paris. Comme par hasard, Jérémy est également présent, avec des amis que nous avons en commun. Il porte une chemise en jean avec des boutons et un jean noir déchiré avec des trous. Finalement, nous nous retrouvons dans une boîte de nuit. Je suis un peu éméchée et les langues se délient. Je vais le voir.

– Pourquoi tu me regardes ?

– C'est toi qui me scrutes !

On commence à rire ! On s'échange plein de blagues super drôles. Il me dit vouloir aller aux toilettes. J'en ai envie également. Nous nous y dirigeons ensemble et, au moment de se séparer, lui vers les W.C. hommes, moi vers les toilettes femme, je lui tire le bras pour l'attirer près de moi et l'embrasser...

Le soir même, comme j'avais un peu trop bu, il me ramène chez lui. Je ne me souviens pas de grand-chose ! Le lendemain, au réveil, je ne sais pas où je suis. La chambre est toute blanche, avec des miroirs partout. Je prends peur et cherche tout de suite à m'en aller.

Pourtant, je me rappelle qu'il a pris soin de moi et que j'ai dormi comme un bébé. En écrivant ces lignes, je sais que je brise la rengaine du fameux « Ne rentre jamais avec un mec le premier soir, il ne te prendra pas au sérieux ». Je crois que c'est une légende : quand il y a réellement quelque chose entre deux personnes, peu importe le temps, ce qui doit arriver arrivera. Et puis, de toute manière, je n'ai pas d'autre endroit où dormir ! D'un côté, ça m'arrange bien...

Ce qui m'a plu chez Jérémy, c'est son naturel, sa façon de me parler et son caractère atypique. Sans oublier ses yeux bleus et son sourire à tomber. J'ai tout de suite habité chez lui, dans son appartement à Boulogne-Billancourt. L'endroit est juste magnifique, habillé de marbre ! Je lui raconte ma situation et il me demande de rester avec lui, de ne pas repartir à Lille.

Je suis love de mon homme ! Passer le restant de mes jours sans lui ? Impossible. Il est mon âme sœur, nos liens ne peuvent se défaire. Auparavant, je n'avais jamais ressenti un tel désir et autant d'amour pour un garçon.

Un jour, au cœur de cet ouragan amoureux, j'exprime à mon chéri :

– Je rêve d'une chose.

Il me regarde tendrement. Je poursuis.

– La même chose que toi.

– Un bébé ?

Mes yeux s'écarquillent, tout mon être explose de joie.

– Oui !

Nous avons cette envie commune de tout partager... Et dans un couple, le partage peut aussi impliquer de créer une famille. Un enfant serait un aboutissement. Nous ne voulons pas attendre, notre souhait de devenir parents est tellement fort. Un bébé, ce serait le fruit de notre passion sans frontière.

J'achète des tests d'ovulation. Il est important de connaître le jour idéal afin de se donner toutes les chances de réussir. Nous essayons encore et encore, mais sans

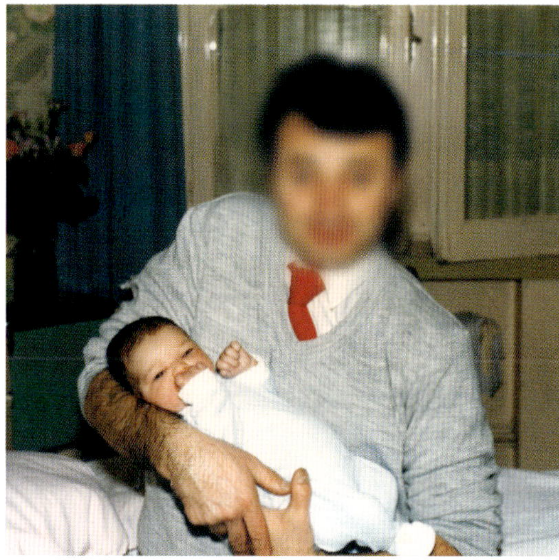

• Quelques heures après ma naissance, dans les bras de Maman, à la maternité Sainte Famille, à Lille, le 14 décembre 1987.

• La seule photo de mon père et moi, deux jours après ma naissance.

• Avec mes cousins Dubois, le jour de mon baptême, célébré le 20 décembre 1987 à la chapelle de la maternité Sainte Famille.

• Dans les bras de mon papy Dubois, dans son magasin, en 1988.

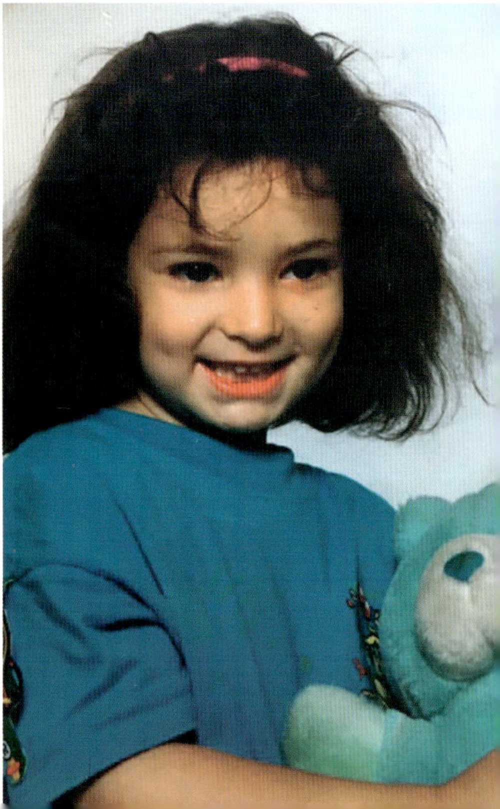

• Sortie de mon bain quotidien à Marquette-lez-Lille, en 1988.
• Déjà en mode mannequin : j'essaie mon nouveau maillot de bain pour la piscine, en 1989.
• En 1990, avec mon beau-père Jean-Michel.
• Au parc d'attractions Bellewaerde à Ypres, en Belgique, à l'été 1993.
• Avec Saturnin, mon canard, chez mon parrain et ma marraine, à Marquette-lez-Lille, le 14 avril 1990.

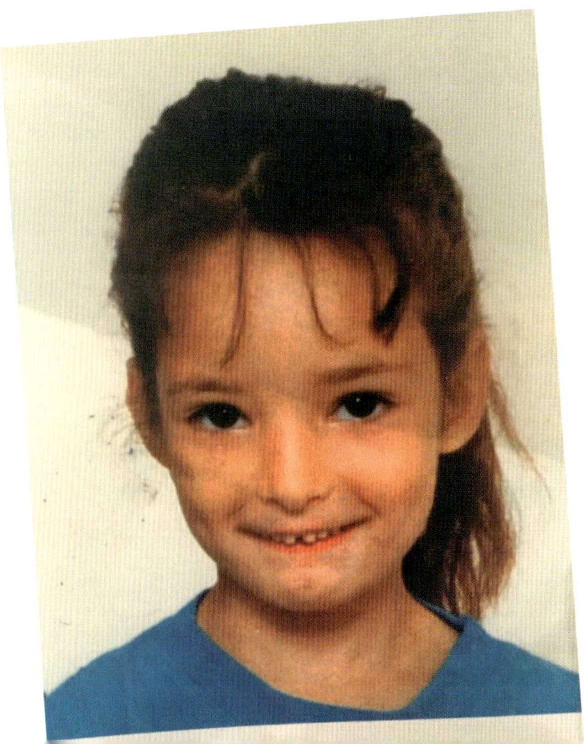

• Photo prise pour le fun au photomaton en 1995.

• Photo individuelle annuelle à l'école.

• Rien ne laissait présager que je travaillerais un jour dans la coiffure…

PAGE SUIVANTE : • Petite séance photo derrière chez ma mère, à Marquette-lez-Lille, en février 1999.

• Fête en famille à l'occasion de ma profession de foi, le 30 mai 1999, à Houthem, en Belgique.

• Avec mon amie Vanessa, en 2003.

• Je porte dans mes bras mon chien Twixi chez ma tante Karima, en 2012.

• Mon attestation scolaire de sécurité routière, obtenue en 2001.

ATTESTATION SCOLAIRE
DE SÉCURITÉ ROUTIÈRE

Nom NEF NAF
Prénoms Emilie
Date de naissance 14/12/87
Établissement clg DEBEYRE
Commune

• En vacances en amoureux à La Turbie avec Jérémy, en 2012.

• À Monaco, en 2012, avec mon amie Hanane. Nous avons accouché presque en même temps. Nos filles sont des « sœurs de ventre ».

• Tournage d'une émission de télévision italienne.

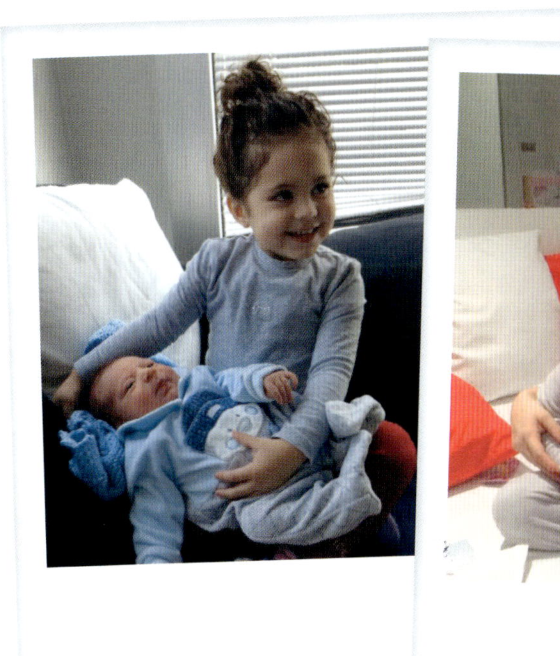

• Avec Maëlla, en 2014, à Trezzano sul Naviglio, en Italie. Je suis enceinte de Menzo.
• Le 20 novembre 2014, pour notre plus grand bonheur, Menzo naît à Milan, en Italie.
• Première rencontre entre Maëlla et Menzo, les complices de toujours.
• Première photo avec mes deux trésors, dans notre maison, à Trezzano.

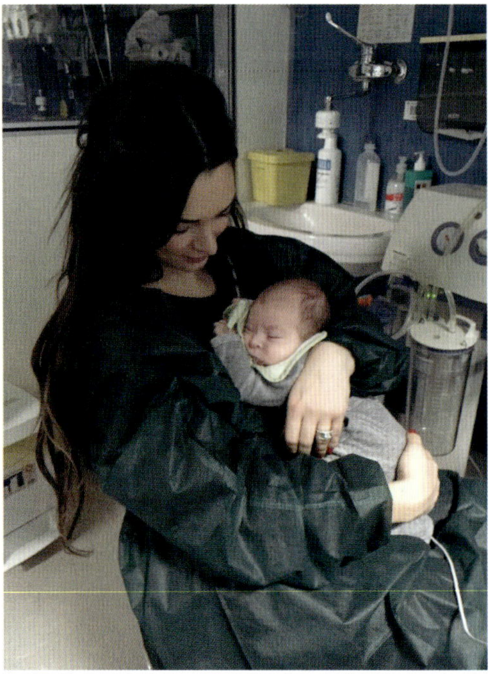

- À l'hôpital de Milan. Menzo fait une bronchiolite aiguë un mois après sa naissance.
- Maëlla et Menzo dans notre villa.
- Instant magique : la visite chez mon papy Nef Naf à Marcq-en-Barœul en 2016.
- Maëlla et Menzo avec leurs arrière-grands-parents, Papy et Mamie Nef Naf, à Marcq-en-Barœul, en 2016.

réussite : résultats négatifs. Pas de panique, nous savons pertinemment que nous y arriverons. Notre amour est si fort.

Le matin du 5 mars 2012, à Boulogne, dans notre appartement, situé à proximité du Parc des Princes, je dis à Jérémy :

– Viens, allons chercher un test ensemble à la pharmacie. Je le sens bien...

Il me suit.

– Je voudrais un test de grossesse, dis-je au pharmacien d'un ton joyeux.

À peine le test payé, je presse mon Jérémy de rentrer à la maison. Je suis tellement impatiente. J'ai la sensation que c'est le bon jour. Mon intuition a toujours été fiable, ce n'est pas maintenant qu'elle va me lâcher... En tout cas, je l'espère de tout mon cœur.

Les doigts croisés, je me dirige aux toilettes. L'ambiance est lourde dans cette pièce exiguë, dans laquelle j'attends que deux barres s'affichent sur le petit écran du test. Les secondes me semblent une éternité ! Quand le couperet tombe, mon cœur s'habille de lumière : je suis enceinte ! Excitée comme une puce, je sors précipitamment des W.-C. et cours dans notre chambre. Jérémy est assis sur le lit. Le sourire sur mon visage annonce déjà le résultat. Je lui tends le Graal, il le regarde... Une seconde passe, il me scrute, émerveillé. D'instinct, on se prend dans les bras. Nous n'avons jamais été aussi heureux. On se met à tourner sur nous-mêmes, à danser, tellement l'émotion nous anime.

Néanmoins, cette merveilleuse nouvelle a des conséquences autour de nous.

Un célèbre joueur de foot du PSG avec Émilie de *Secret Story*, c'est une bonne aubaine pour les médias. Un scoop ! On est pourchassés sans arrêt : dans les restaurants, dans les rues de Paris... Jérémy n'est pas habitué à la presse people. Je suis gênée vis-à-vis de lui : tout cet ouragan médiatique est de ma faute. Ça génère un stress au sein de notre couple car tout le monde nous juge. On me dit : « C'est trop tôt pour tomber enceinte, tu fais une erreur ! », « Que s'est-il passé dans ta tête ? Tu vas le regretter ! », « Pourquoi faites-vous ça ? Vous êtes sûrs de vous ? » Sincèrement, qui peut être sûr de son avenir ? J'aime Jérémy et nous voulons tous les deux cet enfant. Déjà, un mois après notre rencontre, on s'est soufflé mutuellement l'envie de fonder une famille.

Pas le temps de faire de grands voyages ni de grosses soirées : ma grossesse est difficile. Je prends énormément de poids et je fais du diabète gestationnel. Compte tenu de mon état de santé et de fatigue, on ne peut pas dire que je sois une femme enceinte super agréable... Nous faisons tout de même un déplacement à Dubaï pendant trois jours. Nous essayons de cacher cette grossesse, mais, encore une fois, quelqu'un a lâché l'information à la presse. Très vite, la nouvelle se répand comme une traînée de poudre auprès des journalistes. Je ne comprends pas leur intérêt à étaler ma life dans les journaux alors que je ne leur ai rien demandé.

Quelques mois plus tard, nous décidons d'emménager dans le département des Yvelines, en région parisienne, dans une grande habitation d'une surface de cinq cents mètres carrés. La propriété est à proximité du Camp des Loges, le centre d'entraînement du PSG, et au cœur d'une résidence privée où demeurent d'autres joueurs du club. Moi, la petite banlieusarde de Lille, j'ai l'impression d'être dans *Desperate Housewives*... Tout est extravagant, de la taille des villas à celle des voitures, en passant par les relations avec des personnalités comme les Beckham ou Zlatan Ibrahimović et sa femme Helena... La seule chose dont je me souviens, c'est d'une soirée de remise de trophée lors de laquelle j'ai croisé Zlatan et sa femme, avec laquelle je m'entends bien. Quand ils sont arrivés main dans la main, je viens leur parler.

– Bonsoir !

Lui ne me connaît pas.

– C'est Émilie, la femme de Jérémy, me présente Helena.

– Elle me parle souvent de vous, réplique Zlatan.

J'en suis super contente ! Je trouve ce couple tellement beau et vrai. Quand elle a su qu'on allait quitter Paris pour Milan, en ancienne Milanaise, elle m'a donné plein de conseils et m'a assuré que je serais traitée comme une princesse par les Italiens. Elle m'a rassurée sur la vie à Milan.

Nous sommes un groupe d'amis au sein de l'équipe PSG, dans lequel tout le monde s'entend formidablement bien. Certains soirs d'été, nous faisons des barbecues. De manière générale, toutes ces fêtes sont assez banales. Une fois sortis de leur contexte du travail, les joueurs sont des personnes comme nous tous, qui mangent des sandwichs et des saucisses au barbecue. C'est souvent Gwenola et Sylvain Armand qui invitent tout le monde. Ce sont de simples soirées entre potes. Ni plus ni moins.

Je garde la maison lorsqu'il y a un match important. Étant enceinte, et surtout fatiguée, je préfère rester chez nous qu'aller au Parc des Princes ou suivre l'équipe en déplacement. Un soir, un cambriolage a lieu dans le quartier, chez notre voisin, Guillaume Hoarau, lui aussi joueur du PSG. Son alarme se met à sonner ! Je me dirige vers son domicile ; j'entends des bruits... Je contacte directement la police. Mais son alarme est reliée à la gendarmerie, qui arrive aussitôt. Un instant, ces derniers pensent que je suis la voleuse... Cela peut sembler plutôt cocasse avec mon gros ventre... Finalement, plus de peur que de mal.

Je ne me suis jamais intéressée au monde du football. Ce domaine ne m'attire pas. Souvent, je croise des supporters qui considèrent que c'est incroyable de partager son existence avec Jérémy Ménez. Je dois reconnaître que c'est une vie luxueuse. Mais à part les belles soirées, les voitures de prestige, le champagne en abondance accompagné de petits fours, nous restons des personnes simples.

Je découvre une nouvelle ambiance dans les loges du Parc des Princes. Mais le foot à proprement parler, l'activité sportive, me laisse de marbre. Ce qui m'intéresse, c'est surtout déguster les plats... Je trouve les matchs d'une longueur infinie et d'un ennui mortel. Cela étant, je comprends que l'on puisse aimer ! Moi, ce qui me plaît, c'est Jérémy, l'homme, mon amoureux. Pas le footballeur.

Ces années PSG sont délicieuses, mais ça ne fait pas mon bonheur... Loin de là. Le luxe n'est pas essentiel !

Le mieux à mes yeux, ce sont les personnes sympathiques que je rencontre. Elles viennent des quatre coins du monde et sont incroyablement enrichissantes. Un échange extraordinaire. Je croise des femmes sophistiquées, élégantes, et des superstars.

Lors d'une soirée, David Beckham se trouve aux côtés de Jérémy. Je me précipite vers mon chéri.

– Franchement, tu es plus beau que David.

Je garde de bons souvenirs de cette période. Nous étions entourés d'un vrai groupe de potes.

Lors des matchs, dès que Jérémy marque un but, tous les yeux sont rivés sur moi, accompagnés de larges sourires. Dans l'ignorance de ce qui vient de se produire – je ne regarde pas les matchs attentivement –, je sors de mes pensées en un instant. Comme d'habitude, je suis à l'ouest, occupée sur mon téléphone ou en train de manger. Je ne suis pas du tout captivée par les matchs, qui sont à l'opposé de mon univers. Et puis, je suis contrariée par les photographes qui n'arrêtent pas de mitrailler alors que je suis enceinte, donc pas dans mon meilleur état physique.

Un jour, j'arrive à une soirée munie d'une pochette noire. La femme du capitaine de l'équipe, une nana super chouette, mannequin pour L'Oréal, s'approche à ma hauteur.

– Elle est chouette, ta pochette. De qui est-elle ?

D'une manière naturelle, je réplique :

– Je l'ai achetée chez H&M.

Elle pouffe de rire.

– Mais non, Émilie, tu ne peux pas dire ça, tu dois te procurer un sac Chanel !

Je n'ai jamais pensé à m'offrir des sacs de marque. Comme je gagne de l'argent par moi-même, autant profiter. Elle a raison ! Je commence par m'acheter des pochettes. Il faut bien démarrer. Je m'intéresse à l'histoire de Gabrielle Chasnel, dite « Coco Chanel », une créatrice de mode devenue célèbre pour ses œuvres de haute-couture puis les parfums portant son nom. Elle est à l'origine de la maison Chanel. J'acquiers donc un sac, puis un autre, etc. À chaque match, je les porte avec fierté et montre avec joie mes achats à la femme du capitaine.

Je finis néanmoins par m'en lasser, préférant m'acheter des sacs d'occasion.

J'ai aussi la chance de partager des moments privilégiés avec Carlo Ancelotti, l'entraîneur, comme danser avec lui sur le dernier single de Beyoncé, « Single Ladies ». Je lui apprends même une chorégraphie à l'occasion d'une soirée consécutive à la victoire dans une compétition. Carlo est une personne vraiment sympathique et compréhensive.

Il adore Jérémy et lui donne de bons conseils sur sa façon de jouer.

La vie au sein du groupe du PSG est simple et sans chichi. Tout le monde s'entend vraiment très bien. Enceinte, je ne vais pas souvent au stade car je suis extrêmement fatiguée.

De l'extérieur, le public perçoit l'univers du PSG comme extraordinaire, mais ce n'est pas mon cas. Nous sommes simplement une bande de potes passant d'agréables moments. Des personnes normales, sans aucun privilège au sein du groupe : tout le monde est logé à la même enseigne. Je n'ai jamais observé un comportement abusif dans l'équipe. Une ambiance vraiment chaleureuse et accueillante !

Un jour, nous sommes tous partis en week-end à La Baule sans enfants. C'était cool. Au programme, promenade sur la plage, casino, restaurant et soirée jusqu'au bout de la nuit. C'est un super souvenir.

9
MAËLLA, MON RAYON DE SOLEIL

Je désire un garçon, Jérémy souhaite une fille. Si je change d'avis et veux finalement une jolie poupée, aussitôt mon chéri espère un futur footballeur. La guerre du rose et du bleu anime nos conversations. Nous sommes juste en accord sur un principe fondamental : pourvu que le bébé soit en bonne santé.

Je passe la première échographie à l'hôpital américain de Neuilly-Sur-Seine, où je suis suivie. C'est notre première rencontre avec notre enfant. Je suis impatiente et excitée ! Jérémy m'accompagne.

Le médecin m'allonge sur la table, m'ausculte... Tout semble aller pour le mieux. Il verse du gel sur mon ventre. C'est froid ! Il allume son appareil. J'entends « boum, boum, boum ». Incroyable, c'est le cœur de notre bébé. L'émotion est immense. À cet instant, je réalise pleinement que je vais devenir maman. Le gynécologue me demande de regarder son écran. Je distingue un petit être tout minuscule. Quelle joie ! Je suis en train de créer une vie. C'est un truc de dingue ! Mon émotion est intense. En plus, il semble être en bonne santé. Rassurant !

La seconde échographie est tout aussi captivante et intense. Le bébé fait des siennes en bougeant dans mon ventre. Sur l'écran, on le voit pousser sur ses deux pieds. Il déborde d'énergie.

Quand vient le jour de découvrir le sexe du bébé, nous nous rendons près des Champs-Élysées, dans une clinique possédant une échographie 3D. Alors, garçon ou fille ?

Allongée sur la table, je ressens à nouveau ce gel glacial sur mon bidon. Sur l'écran apparaît le visage de notre enfant. On distingue son sourire et ses petites mains. Surprenant ! Je ne réalise pas. Et pourtant, je vois mon enfant. Des larmes coulent sur mes joues tellement l'émotion me submerge. Je suis tellement heureuse.

Le gynécologue s'exclame :

– Fermez les yeux !

On s'exécute.

– À trois, vous allez les ouvrir : 1... 2... et 3 !

Le décompte m'a semblé s'éterniser. Quand j'ouvre les yeux, une lumière est diffusée sur le mur. Je ne comprends pas bien. Jérémy m'aiguille.

– Émilie, la lumière est rose.

Le médecin confirme ce que Jérémy pressent. Je réalise que j'attends une fille. Jérémy est aux anges ! Je suis hyper contente, j'imagine la mini Émilie. Jérémy me prend dans ses bras et m'embrasse. Nous sommes les plus heureux du monde. Quand on repart avec la vidéo de l'échographie, nous sommes sur notre petit nuage.

Dans les semaines qui suivent, je prends le temps d'installer la chambre de ma future princesse. J'adore ça. Je prends soin de choisir la meilleure qualité pour elle : couvertures faites à la main, petits chaussons et un lit blanc avec une moustiquaire habillée d'un grand ruban rose...

Notre vie de famille démarre... Ce que je désire le plus au monde est enfin sur le point de voir le jour.

Sur ma lancée de femme entreprenante, je cherche à vendre mon premier salon se trouvant dans le XIe arrondissement de Paris. Il n'est pas rentable : je travaille beaucoup pour peu. Et puis, le local est trop petit – dix-sept mètres carrés –, je ne peux pas recevoir énormément de clients. Entre les salaires de mes employés et le loyer, je n'en vois pas le bout. Je préfère m'en séparer. En attendant, j'en reprends un autre, toujours dans le même quartier, par l'intermédiaire d'une femme que j'ai rencontrée. Elle possède trois ou quatre salons dans le XIe et souhaite les vendre. Je m'emballe et en achète un consacré à l'aquabiking, à proximité de Bastille : *Les vélos dans l'eau*.

Enceinte de huit mois, j'enchaîne les allers-retours... Malgré la fatigue, je continue à travailler. Chaque soir, j'œuvre pour tout nettoyer. Il faut que tout soit parfaitement propre pour le lendemain.

Malheureusement, l'un des robinets ne ferme pas correctement. Un de mes employés m'appelle, catastrophé, pour m'informer que le lieu est inondé. Quand j'arrive sur place, les pompiers sont présents. Des habitants du quartier me regardent de travers, certains me pointent du doigt, comme si c'était ma faute. Les filles du salon sont en pleurs. Je suis quasiment à huit mois de grossesse : je ne me sens pas bien, je manque d'air. Je préfère m'assoir sur le trottoir ! Au bout de quelques minutes, je me lève et je descends. J'entre dans le salon : je constate que tout est foutu, les dégâts sont colossaux. Les machines sont noyées. C'est un gros coup de massue qui s'abat sur ma tête.

Je vois donc encore une fois mes rêves s'effondrer. Les problèmes ne cessent de pleuvoir chaque fois que j'entreprends quelque chose. Quel désastre ! J'essaye toujours de faire de mon mieux en mêlant intelligence, force et courage. Mais il semble que tout soit contre moi. Sauf mon histoire d'amour et la naissance à venir. Je me retrouve vraiment dans une situation très complexe. Moi qui croyais être dans un conte de fées, j'ai l'impression qu'il s'agit plutôt d'un mauvais film. Tout tombe à l'eau, c'est le cas de le dire.

Qui plus est, finalement, après plusieurs mois de négociations, j'ai vendu mon ancien salon pour une somme bien moins élevée que sa véritable valeur... J'ai dû le payer cent cinquante mille euros et le revendre moins de cent mille euros. J'ai perdu une grosse somme d'argent.

Pendant ma grossesse, notre couple se met parfois en difficulté. Ce n'est pas facile d'être un jeune ménage. On ne se connaît pas vraiment, on se découvre encore. Il faut accepter que, peut-être, nous sommes allés trop vite. Contrairement aux jeunes couples, nous n'avons pas eu le temps de partir en vacances ni de faire la fête ensemble. Or, je pense que, pour avoir des enfants, il est d'abord nécessaire de solidifier la relation avec son partenaire. D'autant que, les hormones stimulant mon caractère déjà bien trempé, la grossesse n'a rien arrangé. Je suis susceptible, fatiguée et souvent de mauvaise humeur. Je suis exténuée, aussi, par ce qui m'est arrivé au salon.

Quelques semaines avant le terme, je passe une nouvelle échographie. Le gynécologue est formel, le bébé est trop gros à cause de mon diabète gestationnel. Sa courbe figure au-dessus de la moyenne. Je me dis que si mon bébé est plus gros que la moyenne, ça veut dire qu'il est bien portant. Mais les médecins m'annoncent qu'il va falloir avancer l'enfantement. Ils hésitent entre un accouchement par voie naturelle ou une césarienne. Je refuse cette dernière solution, souvent redoutée par les futures mamans. J'ai peur des césariennes ; c'est une opération et je n'aime pas ça. Et puis, je n'aime pas les cicatrices.

Je passe une IRM. Tout se passe bien, jusqu'au moment où je vois le toubib, habillé de sa blouse blanche, déambuler vers moi, avec, entre ses mains, le résultat de l'examen. Son visage trahit la mauvaise nouvelle qu'il m'annonce :

– Il va falloir effectuer une césarienne, nous n'avons pas le choix.

Je ne suis pas étonnée. On me l'avait déjà laissé sous-entendre.

Au moins, ça sera programmé et je connaîtrai à l'avance le jour de l'accouchement. Nous devons définir une date. Jérémy étant convoqué en équipe de France et risquant d'être absent prochainement, nous devons nous organiser en fonction de son planning. Sa présence est capitale et primordiale ! Je n'envisage pas un instant son absence.

La date du 7 novembre 2012 est retenue. Jérémy est né un 7 mai. Et puis, dans la Bible, Dieu a créé le monde en sept jours. Selon les hindous, le corps a sept sources d'énergie, les fameux chakras. Et les pèlerins musulmans tournent sept fois autour de la Kaaba. Ce nombre sacré va nous porter bonheur. On l'espère et on y croit !

La veille de l'opération, je dors à l'hôpital américain de Neuilly-sur-Seine. Je dispose d'une chambre très confortable. J'apprends que c'était celle de Michael Jackson quand il venait se faire soigner lors de ses voyages à Paris. C'est la plus belle suite de l'établissement. Je n'ai pas l'impression d'être dans un établissement médical... On dirait plutôt un palace cinq étoiles. Hallucinant ! Jamais je n'aurais un jour imaginé accoucher dans un tel luxe, moi, Émilie, la petite fille du Nord...

Mon amie Vanessa est présente et passe la nuit à mes côtés.

Comme je suis nerveuse, une infirmière me donne des tranquillisants, ce qui a pour effet de me faire planer et divaguer. J'ai l'impression de voler plus haut que les étoiles. Je me sens lourde et écrasée par un poids immense, accompagné de terribles maux de ventre... Je suis épuisée.

Au matin, les contractions commencent. À 9 heures, elles se font de plus en plus fortes ! Alors que la césarienne est prévue à 11 heures, le travail naturel se met en place. C'est une pure coïncidence. Les douleurs dans mon abdomen augmentent. J'endure comme je peux. La peur m'envahit. La souffrance ne cesse de s'intensifier. Dans la chambre, c'est la panique générale, les infirmières se mettent à courir et branchent le monitoring. Elles réalisent que les spasmes sont très fréquents et très rapprochés. L'opération est imminente. Aussitôt, on m'emmène au bloc.

Le stress me gagne. Je sens une aiguille me piquer dans le dos... Puis, on m'installe sur la table, hyper froide. La peur me saisit comme un vent glacial, je tremble, je suis frigorifiée. Enfin, une lumière survient pour me réchauffer... c'est Jérémy. Nous sommes enfin réunis, je suis soulagée.

L'opération se déroule sans problème. Quand le médecin sort le bébé, les cris de ma fille m'apaisent instantanément et font disparaître en un instant toute ma douleur et toutes mes angoisses. Notre petite princesse tant attendue vient d'arriver sur Terre. Nous la prénommons Maëlla.

Je suis terriblement émue. Mais tout va très vite, je n'ai vraiment pas le temps d'apprécier ce bonheur. Juste l'occasion de lui voler un baiser avant que la souffrance au niveau de mon ventre ressurgisse de manière plus intense. La panique prend place !

J'entends le médecin parler à ses collègues.

– Vite ! Donnez-moi une aiguille 42.

Évidemment, je comprends que la situation n'est pas au beau fixe.

Dans le reflet de la lampe, je vois plein de sang. Un autre docteur entre dans la pièce, l'air inquiet. Il vérifie si mon sang coagule normalement. Ce n'est pas le cas : je fais une hémorragie. Tout s'enchaîne alors.

Les médecins cherchent à m'anesthésier. Mais je ne veux pas, je me débats ! Finalement, ils y parviennent et le sommeil finit par avoir raison de moi. Je ne me souviens plus de rien, juste du confort du silence, de l'absence de la douleur. Un trou noir…

Je me réveille dans une chambre que je ne connais pas. J'aperçois un gros appareil pour respirer. Cela fait déjà quatre heures que j'ai accouché. Je ne me suis absolument rendu compte de rien. Je suis dans l'incompréhension la plus totale.

Ma famille et mes amis sont présents. Surtout, mon bébé, ma petite Maëlla, est dans la pièce. La voir me comble de bonheur et me permet d'oublier toute cette mésaventure. On la dépose dans mes bras. Le bonheur m'envahit. C'est fini. Tout va bien. Et tout ira pour le mieux, j'en suis persuadée.

10
SITUATION EXPLOSIVE

Jérémy part en déplacement à l'étranger avec l'équipe de France. Je me retrouve en compagnie de ce bébé et de la maman de mon chéri, présente pour me soutenir. Elle vient me chercher à l'hôpital pour nous raccompagner à la maison, dans le département des Yvelines. Sur le chemin du retour, le couffin est installé à l'arrière du véhicule. Mon émotion est immense. J'observe les paysages défiler, réalisant, avec tout le bonheur du monde, que je suis, à mon tour, maman. Notre fille chérie dort paisiblement, je suis la plus heureuse !

Une fois arrivée, après avoir installé confortablement Maëlla dans son berceau, je m'octroie une heure de repos. Je m'assoupis sereinement, laissant derrière moi tous ces chamboulements et cette opération. Ce silence me fait du bien. À mon réveil, j'ai encore une douleur au ventre, les stigmates de la césarienne. Comme si mon abdomen allait s'ouvrir une nouvelle fois... Je marche recroquevillée, à l'image d'une grand-mère très âgée. Quelle galère !

Le poids de mon corps n'arrange en rien la situation. La souffrance est palpable. Enfanter est une ivresse absolue, mais certains aspects autour de cet instant féerique sont difficiles. Je suis fatiguée, à la limite de l'épuisement. Je me raccroche à ma fille. Dès que je pense à elle, la vaillance me saisit comme une force métaphysique. Pour sa gamine, une maman gravirait des montagnes. Je veux devenir cette mère courage.

Maëlla a très mal au ventre, elle pleure presque sans arrêt. Je suis perdue, je ne sais pas quoi faire. J'appelle régulièrement la maternité, espérant des conseils ou une recette miracle. On me propose un remède : lui faire des massages de l'abdomen. Je tente ! Mais rien n'y fait, ma fille hurle toujours. Sa souffrance me bouleverse. Je ne sais plus quoi essayer dans ce brouhaha de sanglots.

J'essaie d'être la meilleure des mamans, je fais attention à tout ! J'achète un humidificateur d'air afin que l'air de sa chambre ne soit pas trop sec et reste frais. Je lui passe en boucle de la musique classique. Il paraît que ça favorise le développement du bébé. J'applique toute méthode positive dont j'entends parler pour le bien-être de Maëlla.

Après quelques jours, elle trouve difficilement le repos, me plongeant dans la détresse. Ses constipations, coupables de ses douleurs, m'inquiètent. J'ai lu dans un article que diffuser un fond sonore d'un Boeing 777 pouvait favoriser le sommeil d'un nourrisson. J'essaie... En vain ! Maëlla sommeille deux à trois heures par jour mais s'endort uniquement en voiture.

Le temps est long dans ma nouvelle vie de maman. Jérémy n'est toujours pas rentré. Sa mère le remplace comme elle le peut. Je sais que mon chéri aurait souhaité être auprès de nous dans ces premiers moments, mais son destin de footballeur l'oblige à des déplacements.

Maëlla fait ses selles seulement tous les deux-trois jours. Ce n'est pas normal ! Et quand c'est le cas, elle souffre de coliques. Pour tenter d'y mettre fin, la maternité me conseille d'extraire moi-même ses excréments. Pas le choix, je me mets à la besogne. Ce n'est pas évident, c'est la première fois que j'effectue cette tache. Mais, à part moi, qui pourrait le faire ? Personne. Et pas question de laisser ma place ! J'ai l'impression d'être la seule à pouvoir la calmer et à lui procurer tout le bien-être nécessaire. Ma mère aussi vient m'aider...

Entre-temps, j'appelle régulièrement une sage-femme conseillée par l'hôpital américain. Je n'arrive pas à allaiter ma fille. Elle me rassure et essaye de trouver des solutions.

Au bout d'une semaine, Jérémy revient. Il était temps ! Quelle joie de le retrouver. Mon amour à son égard est infini. Je suis heureuse de pouvoir partager ces moments de complicité et d'être unie dans cette nouvelle vie de parents. Lui aussi est aux anges.

Entre nous deux, tout est allé très vite, aussi rapidement qu'un grand huit ou qu'une locomotive. Maëlla pleure toujours autant, ce qui n'arrange rien à la situation. Entre les larmes et le manque de sommeil, ce cocktail provoque une situation explosive entre Jérémy et moi. Je suis irritable, lui aussi ! On ne se comprend pas sur tous les sujets et, lorsque Jérémy a un avis clair et précis sur un thème, je suis automatiquement en désaccord. L'orage gronde dans la maison. On se dispute beaucoup dans cette tourmente. Jérémy est très souvent absent, retenu par ses obligations de footballeur. Je me retrouve seule avec un bébé qui ne fait pas ses nuits. Les critiques fusent et je ne peux m'empêcher de faire des reproches à Jérémy : « Tu ne te lèves pas la nuit quand Maëlla pleure », « Tu ne changes jamais ses couches »... Notre couple n'était peut-être pas prêt et nous avons peut-être passé la vitesse supérieure bien trop tôt. Mais nous souhaitions tellement avoir un enfant... Malgré cela, on s'éloigne l'un de l'autre !

Pour mon vingt-cinquième anniversaire, Jérémy m'offre néanmoins une soirée au sein d'un restaurant luxueux, en bas des Champs-Élysées, qu'il a réservé juste pour nous deux. Le chef est présent et nous fait goûter ses délicieux chefs-d'œuvre. Pour bien faire, ma belle-famille garde notre bébé. C'est la toute première fois que je laisse Maëlla toute seule. Je suis terriblement anxieuse. Jérémy me dit :

– Tout se passe bien, ne t'en fais pas.

L'écho de ces mots, censés me rassurer, se perd dans ma crainte absolue.

– Écoute, j'ai peur pour elle !, dis-je avec des trémolos dans la voix.

La soirée continue. Jérémy reçoit un message de son frère, inquiet : Maëlla ne cesse de pleurer. Ils ont essayé de l'apaiser au maximum avant de nous déranger. Mon angoisse augmente encore. L'émotion m'envahit, je suis super stressée. J'imagine Maëlla pleurant désespérément alors que je ne suis pas là pour la calmer. Dans ce restaurant magnifique, devant ces plats merveilleux, des larmes se mettent à couler le long de mes joues.

– Il faut qu'on rentre !

Jérémy essaie tant bien que mal de me rassurer.

– Non, ne t'inquiète pas.

Rien à faire, je n'arrive pas à profiter. Il comprend que la soirée est terminée. Bien évidemment, je suis malheureuse de gâcher ce moment. Lui qui avait si gentiment tout préparé pour m'offrir un merveilleux anniversaire… Mais la détresse de notre enfant compte plus que tout au monde à mes yeux. On rentre ! Je peux enfin être auprès de ma fille chérie…

Trois mois plus tard, je décide de partir, de tout plaquer : je n'en peux plus. L'ambiance au sein de notre couple est trop pesante. De son côté, Jérémy s'amuse avec ses copains ; j'ai l'impression de tout faire toute seule et ça me soûle.

Je dois faire une pause et me réfugier ailleurs, avec Maëlla. Je suis persuadée que cela me fera le plus grand bien. C'est une épreuve, je dois sûrement mal gérer mes émotions. Je le reçois de plein fouet. Je prépare mes valises, ainsi que celles de ma fille. Je flanque tout dans la voiture et j'installe délicatement auprès de moi le couffin, dans lequel se trouve ma merveille. Je quitte la maison endormie, vide d'âme. Je prends la direction de Lille. Je n'ai pas encore informé Jérémy. Je pense le prévenir plus tard !

Alors que je circule sur l'immense périphérique parisien, avec ses embouteillages qui ne cessent de me retarder, je me laisse divaguer et rêver à des jours meilleurs. Au milieu d'un bouchon interminable, je dirige ma tête du côté gauche et je vois Jérémy dans son véhicule. Incroyable, mais vrai ! Un vrai miracle. De ses yeux, il scrute ma voiture, pleine d'affaires. Il me téléphone aussitôt :

– Qu'est-ce que tu fais ?

– Je m'en vais, j'en ai marre !

Il est choqué ! L'embouteillage se débloque et je reprends ma route. Jérémy a conscience, je le pense, qu'il ne peut pas me retenir.

Je me retrouve donc à Lille, dans un modeste appartement Airbnb, avec ma fille. Je suis abattue. Le silence du premier soir me fige. J'ai l'impression d'être en exil. Je suis à la fois triste et énervée. J'ai l'impression que Jérémy n'est pas prêt pour cette vie. Il continue à voir ses amis et à sortir, me laissant seule face à mon désespoir. Je ne supporte plus cette solitude. J'ai besoin de prendre du recul. Nous sommes ensemble depuis seulement un an et demi. Notre précipitation a écorché notre amour.

Jérémy ne cesse de m'appeler, mais, dans mon élan, je continue de le bouder. Je ne réponds pas. Je vois ma mère, ma famille, ainsi que mes copines d'enfance qui me réconfortent. Je vais au parc, au resto. Je tente comme je peux de sortir la tête de l'eau.

Quinze jours plus tard, nouveau coup de fil de Jérémy : cette fois, je décroche. Sa voix est emplie de tristesse.

– Je n'arrive pas à vivre sans toi, je suis malheureux, tu me manques tellement...

Je comprends sa détresse. Je l'aime. Ni une ni deux, je refais mes valises pour quitter cet appartement de refuge et revenir vers mon chéri. Je suis contente de le retrouver. Quand j'arrive à la maison, il m'attend à bras ouverts. On s'embrasse tendrement et nous nous promettons une chose : arrêter de nous embrouiller pour rien.

Pendant ces quinze jours, notre séparation m'a rendue livide. J'avais beau voir des amis, rien ne gommait mon mal-être. Dans ma déprime, il est évident que j'aspire à revenir en arrière et être auprès de celui que j'aime. La force d'une famille brise les murs de la souffrance afin qu'on finisse toujours par se retrouver. Notre amour reprend, ainsi que notre vie de parents.

Un jour, je suis installée dans la cuisine à discuter avec ma mère. Maëlla, âgée de neuf mois, est à nos côtés. Placée sur sa chaise haute, elle me regarde et, de sa petite voix, prononce « Maman ».

Ma mère et moi nous dévisageons !

– Non, elle n'a pas dit ça ?, dis-je tout étonnée. Tu as entendu ce que j'ai entendu ?

– Oui.

Je ne trouve pas les mots. Quelle joie ! Le premier mot de ma fille chérie est « Maman ». J'en suis bouleversée. À seulement neuf mois, elle commence déjà à parler ! Dès son plus jeune âge, Maëlla a été en avance. Elle a su compter de zéro à dix bien avant les autres enfants. Elle reconnaissait même les couleurs des vernis que je lui achetais.

Ma petite Maëlla est très prometteuse.

11
LE MEILLEUR POUR MAËLLA

Nos amis du PSG ont déserté le quartier : l'équipe change, certains ont quitté le club. On se retrouve seuls dans un secteur quasiment vide. Nous prenons la décision de déménager. Nous choisissons de nous installer à Neuilly-sur-Seine, pour être près de la capitale. Et puis, la ville est agréable et très apaisante. Que des avantages ! On trouve un appartement en location non loin de la rue du Château, à cent pas de l'hôpital américain. C'est un logement très moderne, réalisé avec des matériaux nobles, composé d'un salon et d'une grande salle à manger ainsi que deux chambres : une pour Jérémy et moi, et l'autre pour notre Maëlla. L'entrée est splendide. Nous sommes au rez-de-chaussée, avec un jardin privatif, ce qui rend le lieu encore plus agréable. Je me sens vraiment en harmonie avec cet endroit d'une surface de cent vingt mètres carrés. Les ondes sont bonnes.

On inscrit Maëlla dans une nouvelle crèche, proche de notre domicile. C'est un renouveau pour nous trois. Le seul hic : trouver où garer sa voiture... Je pense que c'est ainsi pour la plupart des habitants de l'Île-de-France. Nous sommes certes proches de Paris, mais loin de Saint-Germain-en-Laye, où s'entraîne Jérémy. Il a donc plus de route. En contrepartie, à Neuilly-sur-Seine, nous avons beaucoup plus d'avantages. Nous sommes hyper bien placés. En revanche, nous entendons très régulièrement les sirènes des ambulances défiler et chanter en direction de l'hôpital américain. C'est, peut-être, l'unique point négatif de l'endroit.

Tous nos amis parisiens viennent se réfugier chez nous dès qu'ils peuvent pour passer des soirées inoubliables. Nous adorons les accueillir et on n'hésite pas à héberger nos proches : notre gigantesque canapé est toujours dispo pour recevoir.

Une nuit, Jérémy et moi dormons intensément dans les bras de Morphée. A priori, rien ne pourrait nous réveiller, même pas une sirène d'ambulance. Pourtant, un bruit étrange nous tire de notre de sommeil, comme si un coq gémissait... Inquiète, j'interroge Jérémy.

– Que se passe-t-il ?

On se rend compte que c'est Maëlla qui a terriblement de mal à respirer. C'est la panique à bord. On enfile des vêtements et on se précipite, comme des fous, avec la petite, à l'hôpital américain.

– Notre fille ne va pas bien, elle n'arrête pas de haleter, dit-on dans la surexcitation à la soignante de nuit.

Maëlla n'arrête pas de pleurer, cherchant sa respiration avec énormément de difficultés. L'infirmière la prend aussitôt en charge. Jérémy et moi, on fait les cent pas...

Après examen, le médecin vient nous voir.

– Votre enfant souffre d'une laryngite aiguë, une inflammation du larynx. Cela arrive souvent aux bébés. Comme les cordes vocales sont écrasées, l'air passe difficilement.

Deux heures plus tard, nous sommes de retour à la maison avec notre Maëlla en bonne santé. Heureusement !

Après cet épisode mouvementé, c'est le moment d'organiser le baptême de Maëlla. Nous décidons de le célébrer à l'église Saint-Pierre de Neuilly-sur-Seine. Le lieu est symbolique, chargé d'histoire. Le monument religieux comporte un grand orgue Mutin-Cavaillé-Coll de 1898, qui fut installé en 1900. Il est impressionnant tant il dégage de grâce. Il trône comme un roi dans l'église. C'est l'endroit rêvé pour le plus beau des baptêmes.

Avec Jérémy, on prépare l'organisation de ce moment qui doit être magique. Nous partageons les mêmes convictions spirituelles. Recevoir le baptême est quelque chose de précieux. C'est un rite de passage : être plongé dans la mort et la résurrection du Christ. Le baptême est le sacrement de la naissance à l'existence chrétienne : marqué du signe de la croix, introduit dans l'eau, le nouveau baptisé renaît à une vie nouvelle. Devenu chrétien, le nouveau baptisé peut vivre selon l'Esprit de Dieu. Il est important, à nos yeux, que Maëlla puisse entrer dans cette communauté de foi.

Je suis très contente d'organiser cet événement. Nous invitons bien évidemment toute la famille et également tous nos amis. Cela fait beaucoup de monde, plus de cent cinquante personnes. De mon côté, les clans Nef Naf et Dubois demeurent tous dans le nord de la France. C'est loin ! Une seule solution : je décide de réserver un bus. Ce dernier viendra les chercher pour les déposer à Neuilly-sur-Seine, lieu de la cérémonie religieuse, et ensuite les acheminer à Paris, endroit des festivités. Nous avons loué une grande salle au *Marriott*, un établissement prestigieux sur les Champs-Élysées. Nous avons vu les choses en grand, mais rien n'est trop beau pour notre fille. Nous souhaitons lui offrir le meilleur.

Je me régale à la préparation. Je confectionne des bonbonnières de dragées avec du tulle. Ma mère m'aide et la bonne humeur se propage. On savoure !

Le jour J, au petit matin, le réveil sonne, mon cœur s'emballe : je sens que la journée va être riche en émotions. D'avance, je trépigne de bonheur à l'idée de retrouver ma famille et mes amis. Je me prépare toute joyeuse. J'habille notre fille chérie élégamment. Elle aussi semble de super bonne humeur. Avec Jérémy, on s'active. Le lieu saint n'est pas loin, mais il serait de mauvais augure d'être en retard. Ça ne serait pas très... catholique. Arrivés devant cette immense église, si belle, si majestueuse qu'on ne peut s'abstenir de l'aimer, je serre tendrement, délicatement et avec énormément d'amour Maëlla contre moi. Le bus est déjà là et je découvre éblouie toute ma famille. Lorsque j'aperçois mon grand-père, de religion musulmane, je ne peux m'empêcher de ressentir une vive émotion. Malgré son âge et sa confession, il est venu.

– C'est ma première arrière-petite-fille, pour rien au monde je ne pourrais rater ce moment.

Quel merveilleux papy ! Aujourd'hui, il n'est plus parmi nous, mais je pense très souvent à lui. C'est incroyable de voir mon grand-père entrer dans la maison du Dieu catholique, d'observer ce mélange des cultures, cette union des religions. Ça me rend pleine d'espoir. C'est beau !

Tout le monde s'installe dans l'église. Le prêtre, vêtu de sa soutane blanche, commence la cérémonie derrière l'autel. Dans un silence spirituel – sans jeu de mots –, on écoute attentivement. Arrive le moment crucial, cet instant qui fait entrer notre fille dans l'univers catholique. Maëlla est plongée rapidement dans l'eau. Ça y est, elle est baptisée. Je suis émue et j'en tire une certaine satisfaction. On sort du bâtiment religieux. Direction les Champs-Élysées... Un repas nous attend.

La salle du restaurant est magistralement luxueuse. C'est grand, c'est beau, je ne trouve pas les mots pour décrire un tel endroit. Nous avons fait venir un traiteur en faisant attention de bien séparer les plats : parmi nos invités, il y a des catholiques et des musulmans. La garniture est copieuse et tout le monde salive à l'idée d'attaquer le repas. Une surprise arrive : il s'agit de Mickey et Minnie. Les yeux des tous les petits présents dans la salle s'écarquillent en un instant. Pour la plupart, ils ont peur. C'est le cas de Maëlla qui se met à pleurer en les voyant. Moi qui voulais lui faire plaisir, je suis passé à côté. Sous les costumes de Mickey et Minnie se cachent mon cousin et une copine. À défaut d'amuser les bambins, cela a distrait et égayé les adultes.

L'apéritif commence : les petits fours arrivent, ainsi que le champagne et les boissons pour les enfants. L'ambiance est clairement à la fête ! Il en est de même pour le repas. La journée se passe idéalement, tout le monde est content. Pour moi, c'est une formidable réussite. Le repas se finit très tard et la majorité des convives quitte la grande salle du restaurant le cœur plein d'émotion, l'estomac bien rempli et, pour certains, ivres de gaîté. Un oncle, des amis, Jérémy et moi, on termine la soirée en boîte de nuit à danser et chanter.

Au début de notre relation, Jérémy et moi avons adopté un chien, un chihuahua appelé au départ « Gagliano », que nous avons rebaptisé « Twixi ». Je l'adore, il me suit partout, avec son pelage marron-caramel. Je ne cesse de lui faire des câlins. Il est si petit qu'on peut le mettre à l'intérieur d'une chaussure. Il dégage une telle joie de vivre ! Un vrai petit toutou d'amour. Avec Jérémy, on était allés le chercher à l'élevage du Diamant D'Or à Sommecaise, dans l'Yonne, pas loin d'Auxerre. Je me souviens qu'on avait fait pas mal de route afin de le récupérer. C'est un chien de race. Il est trop chou... J'ai toujours voulu avoir un petit cabot. Twixi m'apporte mille bonheurs.

Un jour, à Neuilly-sur-Seine, je donne le repas à Maëlla dans la cuisine. La journée se termine. Jérémy, dehors dans le jardin – il fait beau –, en profite pour passer un peu de temps en extérieur. L'air et le soleil, encore présent, offrent une ambiance de vacances. Notre Twixi se distrait dans le jardin clôturé d'un grillage de couleur noire afin qu'il ne puisse s'échapper. Avec les animaux, il faut toujours être prudent. Je m'amuse avec ma fille quand, soudain, j'entends Jérémy crier :

– Twixi ! Twixi ! Il vient de se faire écraser !

Je ne réalise pas trop ce qu'il se passe. Je sors de l'immeuble à grande vitesse. Je vois Twixi marcher dans ma direction. J'ai l'impression que tout va bien. Je m'approche pour le porter dans mes bras, mais il n'a même pas le temps d'arriver à mes pieds qu'il s'effondre sur le sol. Je ne réalise pas bien la situation. Jérémy m'explique ce qu'il s'est passé.

– Une auto vient de l'écraser. C'est une Smart noire qui a pris la fuite.

Effectivement, le petit Twixi ne semble pas bien en point. Il respire difficilement, je suis inquiète... J'ai peur. Aussitôt, je le porte dans mes bras, l'installe à l'arrière de ma voiture et démarre à toute vitesse, direction le cabinet du vétérinaire qui se trouve à quelques rues de notre habitation. Il est fermé ! Je téléphone la voix tremblante.

– Allo !

– Bonsoir, c'est Madame Nef Naf, notre chien vient de se faire écraser, puis-je vous l'amener maintenant ? Je suis devant le cabinet, mais il n'y a personne.

– Je vais vous ouvrir.

Je le connais déjà : Twixi vient de faire, quelques jours plus tôt, l'ensemble des rappels de vaccins. À l'arrière du véhicule, le petit chien ne fait aucun bruit. Je crois qu'il s'est endormi ou qu'il est assommé. Je le porte le plus délicatement possible pour ne pas lui faire mal. Je l'installe sur la table médicale. Le vétérinaire l'ausculte deux secondes, puis me regarde tristement.

– Je suis désolé, il est mort.

Le vétérinaire ne peut plus rien faire, Twixi a rejoint le paradis des animaux.

C'est un choc, je suis bouleversée ! Je ne veux pas y croire. À mon tour, je suis assommée, comme si le monde s'effondrait. Je ne sais pas comment réagir... Mes yeux brillent, une peine considérable s'installe en moi. Je pleure toutes les larmes de mon corps ! C'est terrible de regarder son chien allongé sur cette table glaciale et de ne plus pouvoir rien faire. Twixi aussi est tout froid. Quelques minutes avant, il rayonnait de vitalité et s'amusait dans le jardin. Dieu sait pour quelle raison il a souhaité sortir. Probablement a-t-il voulu suivre un autre chien et, comme il est si petit, il a réussi à se faufiler à travers le grillage. Dans son innocence absolue, il a traversé cette rue et a été percuté de plein fouet par cette voiture qui ne s'est pas arrêtée. Si jamais le responsable de ce drame, le conducteur du véhicule, lit ces lignes, qu'il sache que j'ai beaucoup souffert de ce départ. Il aurait pu avoir l'intelligence et la délicatesse de s'arrêter.

Malheureusement, notre chien n'est plus de ce monde. Il ne reste que les souvenirs pour combler ce vide. Pendant une semaine, j'ai le moral à zéro, je ne mange plus et ne sors plus. Je ne pense qu'à Twixi, que je ne reverrai plus jamais. Je ne fais que pleurer en regardant constamment ses photos. J'espère que son âme continue de vivre quelque part. Un chien est un compagnon de vie, comme un ami. Jamais on ne l'oublie.

12
UN NOUVEAU BONHEUR À VENIR

Avec Jérémy, on décide d'avoir un autre enfant. Une petite sœur ou un petit frère serait formidable pour Maëlla. Dans notre état d'esprit, on veut avoir des bambins avec des âges rapprochés. On se dit que c'est probablement mieux ainsi... C'est notre façon de raisonner. On se met à essayer, sans succès... Rien à faire, ça ne prend pas. Je commence à désespérer, craignant même que ça n'arrive jamais ! Pourtant, j'en ai franchement envie. Les mois passent... Rien. Toujours, toujours rien. J'ai l'impression que ça ne va jamais fonctionner. L'angoisse monte et je me fais des films. Mon horrible précédente césarienne a laissé des traces : je suis super stressée de peur de ne pas réussir.

Sur les précieux conseils d'une amie, je prends rendez-vous avec un gynécologue à Paris qui aide les femmes à tomber enceinte avec des méthodes de détente. Il m'épaule pour mieux comprendre le corps humain et m'apprend à manger plus sainement... Jérémy n'y échappe pas non plus. Une bonne alimentation favorise un bien-être physique et réduit les angoisses. Autant dire que notre état général s'améliore précieusement. Il a aussi examiné mon cycle pour savoir quand je féconderai afin de mettre toutes les chances de notre côté. Je tombe directement enceinte.

Je suis évidemment ravie de cette jolie nouvelle. Imaginer qu'une nouvelle fois un bébé grandit en moi me comble de joie. D'instinct, je mets ma main sur mon ventre, comme pour le protéger. Sûrement comme de nombreuses femmes enceintes, je me pose des questions : est-ce un garçon ou encore une fille ? Peu importe, j'aime les deux. Jérémy est également très excité à l'idée d'être de nouveau papa. On savoure ces instants avec délectation. Il n'y a rien de plus beau, de plus merveilleux dans un couple que de procréer. C'est le fruit d'une union d'amour, la finalité ultime de deux êtres qui s'aiment. Je suis aussi heureuse pour Maëlla car elle ne sera plus seule pour jouer. La famille s'agrandit ! Je suis une maman comblée et une femme épanouie.

On prend rendez-vous chez le gynécologue afin de s'assurer que tout va bien. Il m'installe et commence à m'ausculter. Tout semble bien aller ! Puis, je passe une échographie. Il nous fixe d'un air sérieux.

– Le bébé a été conçu autour du 10 mars 2014.

Très étonnée, je le regarde et réplique :

– Ce n'est pas possible, nous n'étions pas ensemble.

Un malaise s'enracine. Le docteur bégaie :

– Ça peut être un peu avant ou un peu après...

Je suis gênée.

– Ce n'est pas précis, votre truc... J'étais à Dubaï !

Bien évidemment, Jérémy est le père. Je n'ai pas fauté... Jamais !

Un dimanche matin, je me lève précipitamment et me dirige aux toilettes. Je ne me sens pas très bien. Assise sur le trône, je remarque que je perds du sang ! Je suis pétrifiée, paniquée... L'angoisse me saisit aussitôt, j'ai peur de perdre le bébé. Affolée, je me prépare en quatrième vitesse et me dirige à l'hôpital. Je ne dois prendre aucun risque.

Un médecin me reçoit, me fait passer des analyses, dont une échographie. Je suis seule, entourée du personnel médical. J'attends ! Cette odeur typique des hôpitaux, ce mélange olfactif de désinfectants et de médicaments, s'introduit dans mes narines. L'ambiance est étrange ! Je suis seule avec Maëlla, qui touche à tout. Les infirmières tentent de la distraire.

Après vérification, le docteur s'approche, l'air contrarié.

– Madame, vous faites un œdème, vous êtes en train de perdre le bébé, il risque de se décrocher.

En un instant, tout s'effondre autour de moi... Mon monde tout entier est englouti par les ténèbres ! Je suis enceinte d'un mois seulement... C'est la catastrophe ! Le médecin n'a qu'une solution à me proposer.

– Il va falloir rester allongée trois semaines.

Pour sauver le bébé, je suis prête à tout. Ma mère s'organise, prend des congés et passe un mois en ma compagnie. Elle dépose Maëlla à la crèche le matin et va la chercher le soir, elle prépare les repas. Tout ce que je fais habituellement, c'est Maman qui le fait ! Cela me rend un immense service. Jérémy est présent, mais ses entraînements l'empêchent de s'occuper pleinement de moi et de Maëlla.

Je respecte l'alitement à la lettre. Je suis devenue une bonne élève – pas comme du temps de l'école –, puis, surtout, je veux absolument que le bébé tienne. Je n'imagine pas le perdre... C'est inenvisageable ! En parallèle, je prends des vitamines, du fer et je mange de manière saine. Avoir une alimentation équilibrée est alors essentiel, encore plus qu'en temps normal !

Trois semaines plus tard, je refais une batterie d'examens. Je prie pour que tout soit revenu dans l'ordre. J'implore le ciel de m'aider ! Et enfin une bonne nouvelle : le bébé est bien accroché, tout s'est remis en place. Quel miracle ! Quel soulagement !

13
PEUR BLEUE EN ITALIE

Jérémy travaille désormais en Italie : il a signé avec le mythique club de football italien, l'AC Milan, avec lequel il s'est engagé pour trois saisons. C'est une bonne aubaine ! Il endosse chez les Rossoneri le maillot numéro 7, son chiffre fétiche qu'il arborait déjà au Paris Saint-Germain.

Je dois le suivre bien que je déteste prendre l'avion. Je me fais violence afin de vaincre ma peur. Mon mal-être est infini ! Une semaine avant, l'angoisse monte déjà, j'ai des vomissements et je fais des cauchemars traumatisants la nuit... Un calvaire !

Mon amie Céline, que j'ai rencontrée le soir de ma sortie de *Secret Story*, est présente. Sa compagnie me donne du courage. Je suis affaiblie moralement et physiquement. Mon corps est en surpoids, accentuant mon diabète déjà considérable. Les joies d'une grossesse compliquée !

Je n'ai jamais vécu hors de France. Ce départ est une grande première. L'aéroport est bondé. J'observe cette foule qui s'agite dans tous les sens. La tension et l'épuisement sont présents avant de prendre place dans l'avion ! Accompagnée de Céline, je suis assise sur un banc, avec ma fille, attendant l'heure du décollage avec une immense appréhension. Je m'en vais pour un pays que je ne connais pas. L'Italie, je l'imagine comme tout le monde : la piazza del Duomo, la place principale de Milan ; le Grand Canal de Venise et les gondoles ; la richesse culturelle de la ville de Florence ; la célèbre tour penchée de Pise ou encore la merveilleuse Capri entourée d'eau turquoise. Ça me fait rêver ! J'ai hâte d'y être et de pouvoir me reposer tranquillement. Bien évidemment, je suis impatiente de revoir mon chéri, cet homme que j'aime à la folie.

Au moment de l'enregistrement, j'ai envie de vomir... Aussitôt, je me précipite aux toilettes. Je ne peux m'empêcher de trembler de tout mon corps et d'avoir des palpitations. Je me mets à pleurer. C'est tellement difficile ! Ma phobie des avions prend le dessus. Et je ne peux rien y faire ! Je dois me ressaisir. Je tente de trouver la force quelque part en moi. Après quelques minutes d'inspirations et d'expirations, je trouve un peu de courage.

Ça y est, les portes s'ouvrent, on se dirige dans l'avion. Lors de l'embarquement, je ne veux pas monter la dernière, j'ai le sentiment que ça va nous porter malheur. Je scrute le numéro de ma place, analysant avec précision le chiffre...

Sera-t-il bienfaisant ou malfaisant ? Ça m'angoisse ! Pour conjurer le mauvais sort, je parle aux hôtesses et aux passagers voisins... Cela m'aide à évacuer quelque peu les craintes. Malheureusement, elles reviennent très vite à la charge.

À bord, après avoir confortablement installé Maëlla sur le siège se trouvant à mes côtés, je m'installe à mon tour, près du hublot. J'accroche ma ceinture ; je suis prête. Je tente de rester confiante, tout devrait bien se passer. J'écoute attentivement l'hôtesse nous indiquer les règles de sécurité. Mais, au décollage, je ne peux retenir mes larmes... Ma phobie refait surface : je crois que c'est le dernier instant de ma vie. Mon estomac me fait atrocement souffrir, je subis un véritable traumatisme ! J'ai vraiment une peur panique de l'avion.

Finalement, le décollage se déroule bien. Il en est de même pour l'atterrissage. Pourtant, à chaque fois, je ne peux m'empêcher d'avoir ces angoisses répétées. C'est réellement un combat, surtout que j'utilise ce mode de voyage régulièrement. Un véritable enfer !

Nous voilà en Italie ! L'air est doux en cet été si agréable ! Jérémy avait auparavant repéré une villa. Il m'avait envoyé des photos et, ensemble, nous avions validé. Nous prenons un taxi et on se dirige donc directement à l'adresse de la maison. Quand je découvre le lieu, c'est juste magnifique. L'endroit est spacieux, il s'étend sur cinq cents mètres carrés. Il y a des chambres à n'en plus finir, un appartement privé, une belle piscine extérieure avec un plongeoir trônant au-dessus et même une dépendance. C'est un truc de dingue ! Le jardin, tellement grand, avec son toboggan et son trampoline, sera un espace de jeu parfait pour nos enfants. La maison se trouve à l'extérieur de la ville, à Trezzano sul Naviglio, dans la banlieue milanaise.

Le camion de déménagement arrive avec toutes nos affaires. Il a fallu tout ranger, organiser, mettre de l'ordre dans cette immense habitation. Heureusement que Yann et sa mère, qui travaillent pour les propriétaires, sont sur place afin de nous seconder. J'avoue que leur présence est un soutien formidable. Ils sont d'une efficacité incroyable. Dès que je leur demande quelque chose, dans la minute même, c'est fait... De véritables magiciens qui savent tout faire. Ils m'assistent dans tout : par exemple, lorsque je commande une armoire pour la chambre du bébé, ils m'aident à la monter. En plus d'être magiciens, ils sont bienveillants et bricoleurs. J'achète aussi à Maëlla un lit château... C'est Yann qui m'aide à le monter. Il m'apprend également l'italien.

La famille de Jérémy – Jean-Marc, son père, Michèle, sa belle-mère, et Dom, son oncle – est venue me soutenir. Une vraie fête à la maison !

La propriétaire de l'habitation me conseille une crèche, nous guide chez un pharmacien se trouvant à deux pas de la maison, me met en relation avec un gynécologue. Elle m'a vraiment beaucoup épaulée et je l'en remercie. J'ai accroché très rapidement avec toutes ces personnes, notamment le gynéco et sa femme, un couple de médecins vraiment sympathiques. Au début, je ne comprenais pas grand-chose à ce qu'ils me racontaient – surtout le langage médical – car j'avais du mal avec la barrière de la langue. Pour me perfectionner dans cette nouvelle langue, je télécharge une application qui me permet d'apprendre deux ou trois mots en italien. J'abandonne très vite. J'apprends surtout à force de côtoyer les Italiens... Ça vient naturellement. Et puis, ce n'est pas si différent du français puisque ça vient aussi du latin. Pas besoin de prendre des cours ! Au début, j'utilise Google Traduction. Puis, Yann m'aide. Je lui pose des questions en anglais afin qu'il me comprenne.

Mon premier souvenir en Italie est la découverte de la piazza del Duomo que j'avais hâte de découvrir. Je suis émerveillée en admirant l'imposante cathédrale, dont l'architecture est d'une précision magistrale... C'est magique tellement c'est beau. La cathédrale de Milan, surnommée également « Hérisson de marbre » en raison de ses cent trente-cinq flèches, a commencé à être construite par le seigneur de la ville, Gian Galeazzo Visconti, en 1386. Le sommet du Dôme se situe à cent huit mètres, c'est là qu'on trouve la Madonnina – la petite Madone –, symbole de la ville, sculpture de cuivre doré qui veille sur la cité. Deux mille statues ornent le Dôme, représentant souvent des saints et des martyrs. Cette cathédrale est la troisième plus grande église du monde. Dans mon cœur, elle occupe une place particulière et c'est de loin la plus belle.

Je suis toujours aussi fatiguée, la grossesse m'épuise considérablement. Comme mon bassin est trop étroit, le médecin préfère effectuer une césarienne. J'en ai déjà fait une, je suis prête à en faire une deuxième. J'avoue ne pas être rassurée tout de même. Une opération comporte de multiples questions : est-ce que tout va bien se passer ? Vais-je avoir mal ? Le bébé sera-t-il en bonne santé ? Des interrogations interminables ne trouvant aucune réponse.

L'accouchement est programmé au plus proche du terme. Jérémy devant effectuer un stage à Dubaï, on doit caler une date en fonction de son agenda. Inenvisageable de mettre au monde sans lui ! Je me rends seule à la clinique la veille de l'intervention. Il est prévu que Jérémy me rejoigne le lendemain matin. Je ne suis pas du tout tranquillisée. Mon gynécologue, via WhatsApp, me réconforte ! Ça change de la France : en Italie, les médecins sont très proches de leurs patients, on peut leur écrire quand on veut... L'accueil est différent. C'est plus chaleureux et ça me convient bien mieux.

Il me rassure encore une fois en pesant ses mots.

– Ça va aller !

– Mais vous êtes sur ? Car, la dernière fois, lors de l'accouchement de Maëlla, j'ai eu des problèmes.

– Cette fois-ci, il n'y en aura pas, réplique-t-il avec conviction.

– J'ai vraiment peur, je ne veux pas qu'il m'arrive quoi que ce soit.

Le gynécologue semble sûr de lui, c'est très rassurant ! Je n'ai aucune raison de m'inquiéter.

Au petit matin, c'est le grand jour ! Je me réveille avec l'angoisse de mon opération. Je me calme très rapidement : Jérémy est arrivé. À deux, on est plus forts ! Direction la salle d'accouchement.

L'établissement me change de l'hôpital américain de Neuilly-sur-Seine. J'ai l'impression d'être dans la maison de Dieu. Nous marchons dans de longs couloirs froids où trônent sur tous les murs des croix chrétiennes. Des bonnes sœurs défilent de partout. Elles sont vêtues de voiles bleu marine et de l'habit de leurs congrégations. Je n'ai pas l'habitude ! Mon gynécologue m'attend. Encore une fois, il me rassure... Ses mots me font du bien. Et puis, Dieu est avec nous...

La césarienne commence ! Le médecin m'anesthésie... Je ne sens plus rien. En un rien de temps, Menzo est parmi nous. Le médecin le prend et le dépose délicatement dans les bras de Jérémy. Puis, la soignante habille le bébé avec des vêtements que j'ai apportés. J'entends le docteur râler légèrement. Étant en Italie depuis seulement deux ou trois mois, je ne saisis pas facilement ce qu'il dit. Pourtant, j'ai cru comprendre « Fait chier » !

Doucement, sans vouloir le déranger, je lui demande :

– Tout va bien ?

– Oui, oui !

– C'est sûr ?, dis-je avec insistance.

Et là, je l'entends dire à l'infirmière :

– Passe-moi la serviette !

Et il ajoute :

– Putain... Merde, fait chier... Appelle ma femme.

Je comprends que quelque chose ne tourne pas rond. Je regarde la lampe se trouvant au-dessus de moi et, dans le reflet, je vois énormément de sang. Comme quand j'ai accouché de Maëlla. Le médecin prend des serviettes pour éponger puis les jette par terre au fur et à mesure tellement le sang coule abondamment. C'est la panique !

La femme du gynéco arrive. Sa voix est douce.

– Ça va, Émilie ?

Je suis très inquiète.

– Mais qu'est-ce qu'il se passe ?

– Ne t'inquiète pas, ça saigne un peu, mais rien de grave...

Elle a beau adopter un ton rassurant, je suis transie d'angoisse.

– Dites-moi la vérité !

– Tout va bien, je t'assure.

Pourtant, dans le reflet de la lampe, je vois toujours le sang couler.

La femme médecin se tourne vers Jérémy.

– Il faut que tu sortes, tu ne dois pas rester là.

– Pourquoi ?, demande-t-il en portant Menzo contre son torse.

À ce même moment, mon chéri remarque que le visage du bébé est bleu. Jérémy l'indique à l'infirmière.

– Le petit semble bizarre ! Quelque chose ne va pas.

La panique est à son comble ! La soignante prend Menzo, déchire ses vêtements aux ciseaux pour le déshabiller rapidement. Je ne comprends plus ce qu'il se passe... Mon âme divague. Je ne me sens pas bien. Un autre praticien est venu en renfort. Il m'examine, l'air inquiet.

– Appelle le docteur...

Je n'ai pas saisi le nom du médecin qu'il demande de prévenir, mais je comprends qu'il s'agit d'un troisième gynécologue.

Quand ce dernier arrive dans la précipitation, ils sont donc trois médecins à mon chevet. L'un d'eux dit, sans aucune discrétion :

– Laisse tomber, ça saigne trop !

– Mais tu es malade, elle est trop jeune ! On ne peut pas faire ça...

Le sang continue de se déverser incommensurablement. Les serviettes se gorgent de sang ! Mon cœur s'emballe... Je me sens très mal. Les médecins s'activent, essayant de stopper l'hémorragie. J'en garderai d'ailleurs des cicatrices !

Dans la panique, ils me posent un masque respiratoire et je m'endors... À mon réveil, je suis allongée sur le côté, en position latérale... Les médecins m'ont positionnée ainsi : j'ai fait une hémorragie et il fallait que le sang s'évacue. J'ai très froid. La salle où je me trouve est ouverte et je vois des femmes qui crient... Elles accouchent ! Mes fesses sont dénudées et je me souviens avoir dit, pour détendre l'atmosphère :

– Oh, vous allez arrêter de regarder mon cul !

Les médecins rigolent.

Une infirmière vient ensuite m'installer dans ma chambre. Malheureusement, Menzo n'est pas avec moi, il est dans une autre pièce, en couveuse. Quelle tristesse ! Je ne peux pas le voir pendant trois jours, qui me semblent interminables. Une jeune maman ne souhaite qu'une chose : être avec son bébé ! L'isolement de mon petit est difficile à gérer. Je ne peux pas même me lever : les agrafes me font trop mal... Impossible d'être aux côtés de mon fils. Et les soignantes n'ont pas le droit de l'amener dans ma chambre. Menzo a eu un grave problème au poumon. Je me sens très seule. J'ai cette impression d'être comme groggy. Je suis sous perfusion. En plus, je ne reçois aucune visite : ma solitude est immense. Comme si ça ne suffisait pas, j'ai un gros rhume. Jérémy me rapporte des médicaments. J'en garde un très mauvais souvenir.

Au bout de trois jours, une infirmière rapplique et me lance d'un ton autoritaire :

– Maintenant, il faut se lever ! Tu ne peux pas rester comme ça tout le temps... Allez, un petit effort !

Sa façon de faire me paraît violente. Avec tout le courage du monde, je réussis à me hisser. Je suis contente, je vais enfin voir Menzo. J'ai tant envie de le connaître. On m'installe dans un fauteuil roulant, direction la salle où se trouve mon enfant. À travers la grande vitre, je découvre Menzo, endormi dans ce berceau servant d'incubateur, avec des perfusions. L'image a beau être choquante, je suis joyeuse... Je l'admire déjà ! Je verse une larme : je découvre enfin mon enfant, ce que je n'arrêtais pas de réclamer. Je suis triste et heureuse à la fois : je ne peux pas le prendre dans les bras mais le voir me comble de bonheur. N'empêche que la situation est pour le moins étrange : une maman dans un fauteuil et son enfant en couveuse...

Les infirmières le nourrissent selon un protocole strict avec des instructions claires : je ne dois pas le nourrir à sa demande. Je ne suis absolument pas habituée à cela : dès qu'il pleure, je dois le laisser crier. J'ai mal au cœur de le voir dans cet état sans rien pouvoir faire. Je veux l'aider, mais la soignante est là pour m'en empêcher.

– Cela ne fait que trois heures qu'il a mangé, il attendra !

Je ne le savais pas, mais c'est une méthode pour réguler le bébé. Et, finalement, je trouve que c'est un excellent protocole : arrivé à la maison, Menzo fait directement ses nuits. Je comprends qu'un bébé ne pleure pas forcément quand il a faim. Ce sont de fausses idées pourtant très répandues.

14
USURPATION D'IDENTITÉ

Il faut s'adapter à ce nouvel enfant. Pourtant, Menzo pleure peu. C'est surtout Maëlla qui nous réveille constamment. Sa chambre n'est pas à côté de la nôtre, je dois faire précisément cinquante-huit pas pour l'atteindre. C'est interminable ! J'acquiers une caméra avec micro incrusté pour éviter ces longs allers-retours. Mais c'est insuffisant : si je ne rapplique pas à sa demande, j'entends et vois la petite crier devant la caméra.

– Maman Émilie ! Maman Émilie !

Elle le fait exprès.

À cette époque, je n'ai pas de réseau social ! Pourtant, un jour, je découvre avec surprise un profil Instagram à mon nom. On y trouve des photos d'un bébé aux yeux bleus et un message : « Mon enfant Menzo va bien, merci beaucoup pour tous vos messages. » J'ai la respiration coupée ! Qui ose faire ça ? D'autant que c'est un faux cliché... La page compte quatre-vingt mille abonnés. Son auteur est inconnu. Je suis effarée et décide d'enquêter pour démasquer celui ou celle qui a pu faire cela à mon insu.

Je téléphone à Yoan, un fan qui a été l'une des premières personnes à me suivre au moment de *Secret Story*. Il est responsable du groupe « Fans Family d'Émilie ». Je ne suis pas très à l'aise avec ce terme « fan ». Yoan m'admire beaucoup, comme tous ceux de la « Fans Family ». Ils me suivaient déjà lors des primes et de mes déplacements en boîtes de nuit. J'ai appris à les connaître. Ils me kiffaient grave !

Quand Yoan décroche, je lui explique la situation.

– Je ne maîtrise pas Instagram, mais il semble qu'une personne se fait passer pour moi et utilise des photos qui ne sont pas celles de mon fils. Et je ne veux pas que l'auteur puisse continuer ainsi.

– Je vais lui écrire et on va attendre sa réponse.

Contre toute attente, la personne lui répond ! C'est une jeune demoiselle. J'autorise Yoan à lui donner mes coordonnées. Je souhaite lui parler.

Elle finit par me contacter.

– Je suis désolée, j'ai vraiment honte. J'ai fait cela car on n'a pas de nouvelles de toi sur Instagram. Je trouve cela dommage, beaucoup de personnes aimeraient savoir ce que tu deviens.

La démarche me semble finalement sympathique ! De fil en aiguille, une relation amicale s'installe entre cette nana et moi. Elle me guide dans mes premiers pas sur Instagram et m'explique comment utiliser le réseau social. Finalement, je récupère le compte qu'elle a créé à mon nom. Elle l'a ouvert le 3 mars 2013 et je l'ai découvert après la naissance de mon fils, le 18 novembre 2014. Elle l'a donc utilisé pendant plus d'un an et demi ! Mais elle a su se rattraper : c'est grâce à elle que j'y évolue comme une pro.

Instagram entre mes mains, ça provoque quelques conflits avec Jérémy qui ne comprend pas pourquoi je souhaite développer mon compte : on vivait très bien sans ! Il est jaloux, un peu possessif, et ça l'embête de me voir poster des photos de moi, de lui, et surtout des enfants. Il n'est pas d'accord. Avec le temps, il finira par accepter…

15
MENZO, MON COMBAT

Menzo fait bien ses nuits. Mais il n'arrête pas de vomir. Je ne comprends pas pourquoi ! Jours et nuits, il vomit régulièrement. On lui donne des antibiotiques, mais en vain : ça n'a aucun effet ! Le soir du 25 décembre 2014, alors que je suis en compagnie d'une amie, je regarde Menzo allongé dans son couffin. Il est calme, trop calme. Il ne réagit pas vraiment. Ce n'est pas normal ! Il est très silencieux. Comme s'il était ailleurs. L'inquiétude nous gagne. On décide de l'emmener à l'hôpital où il a vu le jour. Arrivée, la soignante observe Menzo.

– Allez dans un autre centre hospitalier, Madame : votre bébé n'a pas l'air bien.

Nous prenons la direction d'un établissement médical qui nous informe également ne pas pouvoir s'occuper de Menzo : il est trop petit. On nous conseille un autre hôpital. Décidément ! En panique, nous traversons Milan à toute allure, avec Menzo à l'arrière du véhicule. J'ai peur pour mon fils !

Sur place, une infirmière me dit :

– Madame, votre fils ne va pas bien du tout, il faut qu'on l'emmène en ambulance dans un autre service pour les nouveau-nés prématurés et les enfants à risques.

Elle me prend Menzo des bras, lui déchire ses vêtements, installe un masque pour respirer sur son visage et le place dans une couveuse. Je suis paniquée ! J'ai l'impression de vivre un cauchemar. L'infirmière me donne l'adresse où sera transporté Menzo.

Mes larmes ne cessent de couler... Je suis sous le choc. Ma copine doit repartir pour son travail. Je vais me retrouver seule ! On pleure toutes les deux.

– Je suis désolée de te laisser, me dit-elle en essayant de retenir ses larmes.

Quand j'arrive dans le service en question, il faut traverser un grand sous-sol puis un couloir qui longe la morgue. C'est glacial ! Je marche dix longues minutes dans ce couloir interminable à l'ambiance macabre. Au service nouveau-nés – enfants prématurés, on me demande de me désinfecter les mains, de mettre une charlotte, d'enfiler des sur-chaussures et un tablier. Je m'exécute. Je n'ai pas le droit de rester avec Menzo plus de dix minutes. Une torture ! Je ne peux même pas lui donner le biberon. C'est surréaliste... Je suis complètement abasourdie. Je ne sais pas ce qu'il se passe. J'ai l'impression que le ciel me tombe sur la tête.

Autour de la couveuse de Menzo, je vois des bébés prématurés nés après seulement cinq mois de grossesse. Ils font la moitié de la taille d'une main... Ils portent des mini bonnets et leurs yeux sont bandés. C'est dingue... Ce que je vois est à la fois incroyable et bouleversant !

Un monsieur vient s'occuper de Menzo. En discutant avec lui, j'apprends qu'il supporte l'AC Milan et qu'il est fan de Jérémy. Pour l'occasion, il dessine Mickey avec un maillot du Milan sur la couveuse de mon fils. Un geste tendre et sympathique. Évidemment, cela ne suffit pas à me réconforter... Je suis toujours terriblement angoissée pour mon bébé.

Après examen, un médecin m'annonce que Menzo a une bronchiolite aiguë très sévère. C'est une infection contagieuse qui touche les bronchioles, qui sont comme de petites bronches. Tant qu'il est atteint par ce virus, il doit rester à l'hôpital.

Jérémy doit s'en aller en stage à Dubaï avec son équipe. C'est prévu depuis longtemps. Je lui téléphone, paniquée.

– Il faut que tu viennes ! C'est urgent !

– Mais je ne peux pas, je dois partir.

– Écoute, on ne sait pas si Menzo va passer la nuit...

Un silence. Jérémy n'avait pas mesuré la gravité de la situation et vient d'en prendre conscience. Avec toute l'angoisse d'un père, Jérémy s'organise tant bien que mal pour reporter le déplacement à Dubaï afin de se rendre au chevet de Menzo. On ne peut y aller ensemble, une seule personne à la fois peut entrer dans la pièce où réside notre fils. Jérémy est triste et terriblement inquiet... Sa douleur est aussi intense que la mienne.

Le médecin nous informe :

– Si vous recevez un appel et que vous voyez le numéro de notre centre s'afficher, vous devez immédiatement venir.

Nous habitons à quarante-cinq minutes de l'hôpital ! Autant vous dire que les nuits me paraissent très longues : je dors peu, craignant le moindre coup de téléphone. J'ai peur, je m'imagine le pire des scénarios !

Quand le numéro du service nouveau-nés – enfants prématurés apparaît sur l'écran de mon téléphone, mon cœur s'arrête de battre. Je tremble en décrochant.

– Vous pouvez venir chercher Menzo.

Soulagée, je prends aussitôt le couffin et des affaires pour Menzo. Je suis très contente de pouvoir le récupérer. La joie d'une mère de retrouver son enfant est indescriptible. Ni une ni deux, je prends la direction de l'hôpital.

Quand j'arrive, c'est la douche froide. Le médecin arbore un visage inquiet.

– Finalement, Menzo ne va pas bien, il a encore vomi... On le garde !

– Mais vous m'avez appelée pour venir le chercher.

– Oui, mais entretemps, son état s'est de nouveau dégradé.

Je n'ai pourtant pas traîné sur la route ! Je regarde Menzo allongé dans ce lit transparent. Il est si beau. J'ai l'impression qu'il est gigantesque par rapport aux autres prématurés. Il n'est plus sous appareil respiratoire. J'ai donc la chance de pouvoir lui donner un biberon. J'en suis ravie ! Mais c'est trop court. Il faut déjà que je quitte les lieux.

La veille du Nouvel An, je reçois un appel de l'hôpital m'informant à nouveau que je peux venir chercher Menzo. J'ai tellement hâte de serrer mon fils dans mes bras et que nous nous retrouvions tous les quatre à la maison. J'espère que c'est vrai cette fois-ci ! Mais c'est bien le cas, ce n'est pas une fausse joie... Et c'est le plus beau des cadeaux.

Dans les semaines qui suivent, Menzo est toujours sous traitement et il vomit encore un peu... Il va mieux un jour, moins bien le lendemain. Il faut attendre que les médicaments fassent effet.

Je ne suis pas sortie indemne de cet épisode. Depuis, je suis toujours très angoissée au sujet de Menzo. Je le couve énormément. L'amour d'une mère pour ses enfants n'a pas de limite...

16
DU 42 AU 36 : TROIS MOIS DE RÉÉQUILIBRAGE ALIMENTAIRE

Alors que je me suis acheté une belle robe de couturier italien, je fais des photos en rentrant chez moi. Et là, catastrophe... Je suis horrible. J'ai trop grossi ! Ce n'est pas possible... Il faut que je trouve une solution. J'ai pris énormément de poids : trente kilos. Il est plus que temps d'y remédier, je ne peux plus me laisser aller. Mon physique ne me convient pas. En surfant sur Instagram, je tombe sur des photos de nanas hyper bien foutues avec des abdos fermes et des fessiers rebondis. Je suis sous le charme et, paradoxalement, presque jalouse. Le vrai déclic se produit en feuilletant les pages d'une revue italienne. Je vois la photo d'une femme qui vient d'accoucher de jumeaux : elle est toute mince et promène ses bébés dans sa poussette. Je me souviens de ce cliché comme si c'était hier : il agit comme une révélation. « Je suis complètement à la ramasse, il faut que je bouge », me dis-je.

Je cherche une salle de sport aux alentours de la maison... J'en trouve une petite, dans la campagne italienne : j'habite à quarante-cinq minutes de Milan. J'y vais deux, trois fois... Je fais du tapis de course, un peu de barre de traction... Je m'amuse avec les équipements de la salle. Je tente d'éliminer du mieux que je peux. Je sympathise avec les responsables qui me présentent une des coachs sportives, qui est aussi danseuse. Daisy est une jeune femme toute fine et très souriante. On discute.

– Est-ce que tu peux m'aider pour que je devienne mince ?

– Oui, mais il faut vraiment que tu sois motivée

Bien évidemment, elle parle italien. Je ne suis pas encore à l'aise dans cette langue, mais on se comprend avec des gestes. Je lui montre des photos piochées sur Instagram en lui expliquant que je souhaite arriver à ce niveau-là. Elle m'explique que la motivation est primordiale et accepte de m'aider.

– Combien de séances de sport par semaine dois-je faire ?

– Un minimum de trois. On peut effectuer une séance à la salle et deux chez toi.

J'acquiesce. Je ne souhaite pas passer toutes mes journées dans un établissement sportif.

– Est-ce que je dois me nourrir différemment ? Que me conseilles-tu ?

J'ai toujours mangé sans faire attention et quand je voulais ! Je ne grossissais jamais, alors je n'avais aucune raison de m'arrêter. Mais cette fois, j'ai dépassé les bornes, je dois me reprendre en main...

– Je suis végétarienne !, me lance-t-elle d'un ton joyeux.

Je suis étonnée ! Je ne connais aucun végétarien dans mon entourage, c'est un univers qui m'est étranger. Je m'y intéresse et je lui demande comment procéder. Elle me conseille de remplacer mon steak animal par une galette à base de soja, de tempeh – fabriqué à partir de fèves de soja fermentées –, de seitan – à base de protéines de blé –, de sarrasin ou encore de céréales comme le blé ou l'avoine. On trouve ce style de produits dans les centres commerciaux. Je vais faire mes courses et commence ma chasse aux plats végétariens. Je découvre tout un monde, dont je ne soupçonnais même pas l'existence. Et le plus incroyable, c'est que j'y prends rapidement goût.

Le principe de ce régime est de retirer la chair animale de son alimentation : finis la viande rouge, la viande blanche et le poisson. Les bonbons contiennent souvent de la gélatine de porc : c'est donc banni. La consommation de produits laitiers, d'œufs, de miel, de fruits, de céréales, de légumes, de noix est autorisée. Généralement, une personne qui choisit cette approche le fait en faveur de la protection animale, et aussi pour sa santé. C'est réellement un autre mode de vie, qui est aujourd'hui courant. Plus d'un million de Français seraient végétariens, et ce chiffre est en constante augmentation. Certains utilisent le végétarisme comme diète. Des études scientifiques démontrent que c'est meilleur pour la santé : les végétariens sont moins sujets aux maladies cardio-vasculaires et au diabète. Je trouve ce domaine très intéressant et enrichissant.

Pour rééquilibrer mon alimentation, j'arrête d'avaler du sucre raffiné et du sucre ajouté. Quelques minutes après son ingestion, ce dernier favorise une fermentation intense, mais, rapidement, génère une légère fatigue. Le corps est contraint de redemander à nouveau du sucre. C'est un cercle vicieux auquel il faut mettre fin. De nombreuses personnes sont, sans le savoir, droguées au sucre. Si vous le retirez de votre alimentation et qu'un manque apparaît, cela révèle une certaine dépendance. A contrario, si vous êtes en pleine forme, alors vous n'y êtes pas accroc. C'est ainsi pour beaucoup de produits, notamment l'alcool. Prendre un apéritif chaque jour peut entraîner une addiction. Il faut être extrêmement vigilant !

Le sucre est l'une des causes principales de maladies telles que le diabète, l'obésité ou les problèmes cardio-vasculaires. Il favorise également un sentiment de stress, d'irritabilité, de fatigue, de confusion, des palpitations, sueurs, changements d'humeur... et des dépressions. Ces sensations sont liées aux variations brutales de la glycémie dans le sang, qui augmente et retombe aussi vite en cas de surconsommation de sucre blanc.

J'avoue aimer les bons gâteaux, la plupart du temps saturés de sucre. Je vais devoir me faire violence et redessiner mon mode alimentaire.

• Selfie complice avec Menzo à la plage, à La Spezia, en Italie, en 2017.
• Au Croco Cun Zoo, à Cancún.

PAGE CI-CONTRE : • À Bordeaux, le 14 décembre 2016, nous fêtons mes 29 ans.

• À Disneyland, en 2019. Menzo est déguisé en Buzz l'Éclair et Maëlla en Belle.

• En mars 2020, pendant le premier confinement. On s'occupe comme on peut...

• Entre filles pour mes 32 ans, au Maroc, à Marrakech.

• Retrouvailles avec Jérémy, en juin 2020, à Boulogne-Billancourt.

• Menzo et Maëlla en shooting dans une agence mannequins de Lille, en 2020. Quel beau moment !

• Sixième anniversaire de Menzo, le 18 novembre 2020, à Reggio.

• Notre petite famille au moment de Noël 2020, à Reggio.

• En amoureux, lors de la soirée du Nouvel An 2021, à Reggio.

• Jérémy et moi à Reggio, en 2021.

• Visite d'une ferme avec mes deux trésors, à Reggio, en 2021.

PAGE CI-CONTRE : • Toute la famille participe à l'émission *Tous en cuisine* depuis l'Italie, en janvier 2021.

• En tournage pour l'émission *Mamans et célèbres*, à la maison, en 2021.

- Menzo, Maëlla et moi, en 2021, pour un cliché posté sur Instagram.
- Petite sortie à la plage avec Grâce, une chienne du chenil que nous allons peut-être adopter.
- Deux photos pleines d'amour prises à la maison, en Italie, en 2021.

• Jérémy et moi posons pour ma marque de vêtements, Millia Milano.
• Encore et toujours avec l'homme de ma vie.
• À Pentedattilo, une ville fantôme de la région de Calabre, en 2021.
• Jérémy et moi au bord de l'eau, à Scilla, près de Reggio.
PAGE SUIVANTE : • Photo de famille à Reggio, en 2021.

GOOD

Je n'établis pas un menu à la carte pour chaque jour de la semaine, je me fie à mon ressenti. Je persiste et signe. Je veux persévérer dans ma quête : diminuer mon poids et le partager sur Instagram. Je décide de bannir toute forme de viande pour me consacrer uniquement à des plats végétariens. La chair animale représenterait un facteur toxique pour la santé. L'être humain ne serait pas réellement constitué pour ingérer très régulièrement des aliments d'origine animale. Une personne en bonne santé pourrait occasionnellement en consommer. Mais d'autres experts diront qu'elle n'est pas toujours mauvaise pour la ligne. Comme la viande contient beaucoup de protéines, la sensation de faim est retardée. Si vous optez pour une cure à base de viande, il faut choisir la moins grasse possible. Évitez bien évidemment les accompagnements gras, comme les frites, et les sauces à base de mayonnaise. Préférez des légumes et des épices, qui sont presque sans calorie et rehaussent le goût des aliments. Dans son assiette, il est préférable de compter un tiers de viande pour deux tiers de légumes. Je vous conseille la viande blanche plutôt que la rouge lors de votre régime.

Il est recommandé d'offrir à son organisme une diversité de fruits, de légumes, de céréales et aussi de produits animaliers. Il ne faut pas se fermer à tout : manger occasionnellement, par pur plaisir, un peu de viande, un bout de fromage ou un œuf, n'est pas incompatible avec une bonne santé. Ce qui n'est pas recommandé, c'est d'en consommer en trop grande quantité et trop souvent. C'est la même chose pour les aliments industriels qui sont néfastes pour la santé. Je ne veux pas opposer les végétariens et les amateurs de viande, je pars du principe que chacun est libre !

De mon côté, je décide de manger des plats végétariens. Pour trouver des idées de recettes, je regarde sur Internet. La liste est longue... De la « pizza veggie aux bouchées de soja » à la « blanquette végétarienne » en passant par un « cake vegan au lait de coco », il y a de quoi m'occuper... Je comprends qu'il faut remplacer les crèmes par des sauces soja. Le soja est l'une des légumineuses les plus riches en protéines. Les sauces soja ne contiennent aucune mauvaise matière grasse et jouent aussi un rôle faste contre le surpoids, l'ostéoporose et le cholestérol.

Le premier jour, je me réveille motivée comme jamais, prête à tout pour éliminer mes ennemis du moment : mes kilos en trop. Je suis dans les starting-blocks ! Après m'être lavé les dents, je décide de ne pas monter sur ma balance. Je ne veux pas lui offrir ce plaisir machiavélique de m'indiquer, encore une fois, mon surpoids. Direction la cuisine afin de préparer mon petit-déjeuner : deux biscottes au blé complet avec de la confiture de fraise... sans oublier mon café. Personnellement, j'opte pour la biscotte bien qu'elle soit un peu plus calorique que le pain. Concernant la confiture, il ne faut pas en abuser : deux cuillères à café sur les tartines sont largement suffisantes. Je recommande de la remplacer par de la purée de cacahuètes, d'amandes ou de noisettes. Pour ce matin, c'est suffisant. Et pas question de manger au déjeuner ! Mais, vers 14 heures, mon estomac réclame une collation. C'est difficile, mais je résiste ! Je ne dois pas céder. Ma motivation est plus forte, je ne succomberai pas.

Arrive enfin le dîner, que mon esprit et mon corps attendent avec impatience : une galette de soja. Cette dernière est composée d'une soupe de soja germé, d'une gousse d'ail, d'un oignon, d'une pincée de thym, de sel, d'un œuf et d'un filet d'huile de tournesol. Accompagné d'une salade, c'est délicieux ! La richesse du plat en fibres le rend intéressant pour prévenir les maladies de l'intestin. Les acides gras insaturés issus du soja protègent le cœur. De plus, cet aliment végétal procure à lui tout seul tous les acides aminés indispensables à l'organisme. Le point négatif : le steak est relativement salé. Cela peut poser un problème : augmenter la rétention d'eau et les risques d'hypertension. Pour le dessert, un yaourt blanc avec de la stevia... Pour ce premier jour, j'ai besoin de ressentir un goût sucré. Drogue, quand tu nous tiens... La stevia est une plante d'Amérique du Sud dont les feuilles sont séchées et transformées en fine poudre. Elle est utilisée comme un édulcorant naturel. On peut la découvrir sous deux aspects principaux : la poudre de feuilles séchées et l'extrait normalisé. Son pouvoir édulcorant est cent à trois cents fois plus élevé que celui du sucre raffiné. Et, surtout, la stevia ne comporte aucune calorie. C'est la parfaite alchimie pour combattre le sucre. Elle est recommandée pour lutter contre le diabète, les caries dentaires et l'obésité.

Ce dîner, je le mange avec délectation !

Le lendemain, je recommence le même processus, et ainsi de suite les jours suivants. Comme Jérémy est très gourmand, il m'arrive de cuisiner un bon gâteau que je ne dois absolument pas goûter. C'est l'île de la tentation ! J'y arrive quand même, en m'accrochant à ma motivation.

Le soir, je me prépare une tarte fine au brocoli et mascarpone sans lactose. Le tout est accompagné d'une salade. C'est vraiment délicieux... Je déguste chaque bouchée avec attention, sans perdre la moindre miette, trop précieuse... Le goût du mascarpone, ce fromage italien originaire des régions du Piémont et de la Lombardie, fond dans ma bouche et me procure une douce saveur. Pour le régime, le brocoli est un élément essentiel, peu calorique et très riche en fibres insolubles. Sa digestion entraîne une grande dépense énergétique. Pour le dessert, un yaourt blanc avec de la stevia. J'y ajoute un peu de confiture maison à la fraise.

Il est recommandé de boire régulièrement de l'eau. En plus, ça aide : l'eau opère comme un coupe-faim. Je vous conseille Vittel, Volvic, Contrex voire Perrier, dont la composition minérale stimule le drainage. Qu'il s'agisse d'eau minérale, de source ou du robinet, le nombre de calories reste le même : zéro. Il est préférable d'éviter des eaux aromatisées qui peuvent contenir une quantité plus ou moins importante de sucre selon leur marque. Il est toutefois possible de boire ponctuellement de l'eau gazéifiée pendant une cure, mais pas en grande dose. Elles comportent trop de sodium (sel), déconseillé à ceux qui souffrent d'hypertension. Pour ces derniers, je recommande surtout de consommer de la Salvetat, naturellement pauvre en sodium. Pour les autres, lors d'une diète, le mieux est de choisir des eaux riches en magnésium et bicarbonate, qui diminuent l'absorption des graisses.

Pour rester dans le domaine des boissons, la tisane, le thé et le café sont les bienvenus : n'y ajoutez pas de sucre, ou alors de la stevia. Pendant votre régime, vous pouvez aussi consommer des jus de légumes frais, peu caloriques, qui fournissent énormément de vitamines et de sels minéraux à votre organisme. Il faut bannir les jus de fruit achetés dans les hypermarchés, et même le « fait maison », naturellement trop sucré. Absorber un verre de temps à autre n'est pas dérangeant, mais pas régulièrement. Tout comme les sodas « light » : ponctuellement, ça passe, mais il ne faut pas y devenir accroc.

Le surlendemain, c'est parti pour un chili végétarien pour le dîner. Pour le préparer, j'ai besoin de haricots rouges, de tomates, de tofu ferme, d'oignons, de carottes, de poivron vert, de céleri, de cheddar, de cassonade, d'eau, de piment rouge séché, de cumin en poudre, d'ail, de quelques feuilles de coriandre fraîche et d'un peu d'huile d'olive. Je suis comblée...

Entre le petit-déjeuner et le dîner, les journées sont longues : mon estomac crie famine... Je lutte avec toute ma détermination et je bois de l'eau. Les jours passent, je suis fatiguée... J'ai de plus en plus faim, ça devient difficile. J'ai l'impression que la viande me manque. Pourtant, je mange différemment et des résultats commencent à se faire voir. Surtout sur ma balance ! Mais, au bout du dixième jour, je n'y arrive plus : je préfère arrêter ma cure végétarienne. Néanmoins, je continue ma diète !

Le soir du onzième jour, comme plat principal, je mitonne une escalope de dinde avec des légumes. L'escalope ne contient presque pas de graisses. Il est important de bien la cuire. J'ai l'impression de reprendre de la vitalité. Aussi, le lendemain, je continue sur cette nouvelle lancée : je me prépare une escalope de veau, qui est une viande maigre. Attention, il ne faut pas confondre avec l'escalope de veau panée ou milanaise, riche en calories. Généralement, elle est accompagnée de pâtes mais, lors d'un régime, c'est à proscrire. L'idéal est de favoriser des légumes cuits à la vapeur, comme les brocolis, les aubergines, les carottes et les choux.

Comme j'aime beaucoup la viande blanche, le treizième soir, je mijote une salade de poulet. De la salade verte, une escalope de poulet, une cuillère à café de moutarde, un peu d'huile d'olive... et le tour est joué ! Pour un régime, cette volaille est un produit intéressant : énormément de protéines et peu de matières grasses. On y trouve également de la vitamine B3, ainsi que du sélénium, un oligo-élément antioxydant. Phosphore et zinc sont aussi présents dans le blanc de poulet.

Pour le quatorzième soir, ça sera un steak haché à 5 % de matières grasses. Ce n'est pas une viande maigre, elle est plus grasse que la blanche. Il faut juste éviter de la cuire avec de l'huile ou du beurre. La viande rouge est riche en fer et en zinc. C'est parfait pour l'organisme après une activité physique. Ce qui est le cas : j'ai fait du sport cet après-midi. Le steak haché est bénéfique pour la formation de globules rouges en raison de ses vitamines du groupe B. Conclusion, le steak est un allié de choix par son apport calorique faible, ses protéines, ses vitamines, sans oublier son oméga-3 qui aide notre corps à lutter contre la multiplication des cellules graisseuses. J'ai accompagné ma viande d'un chou vert gras destiné à purger et nettoyer mon organisme de ses toxines.

Je ne suis pas portée sur la viande rouge, préférant largement la blanche, comme le poulet. Pour les personnes aimant le lapin, il est intéressant de noter que cette viande possède une faible valeur calorique et est très riche en protéines et en vitamines PP et B12. On y trouve aussi du magnésium, du calcium et des oligo-éléments. Cette viande maigre est bonne pour les régimes diététiques. Pour ma part, je ne consomme jamais de lapin ni de cheval : j'aime tellement ces animaux ! Ils sont trop mignons...

J'avance dans ma quête et, le quinzième soir, je me prépare un foie de veau avec une ratatouille allégée. Le foie de veau est peu gras, il possède énormément de vitamines A, dont le bêta-carotène, un antioxydant protégeant la peau des rayons ultra-violets.

Après ces quelques jours, je me sens déjà plus fine et la balance m'annonce de bons résultats. Je continue le sport trois fois par semaine. Rien ne m'arrête, je suis déterminée. Paradoxalement, en bonne éternelle insatisfaite, je souhaite maigrir encore plus rapidement... Je voudrais tellement perdre mes kilos, là, tout de suite !

En me baladant sur Instagram, je tombe sur le profil d'une jeune femme, Manue Laurent, qui a perdu énormément de poids. Je balance un petit message sur une de ses publications. De visage, elle me fait penser à une amie. Je lui écris en rigolant :

– Si tu perds l'ensemble de tes kilos superflus, tu vas ressembler à cette fille.

Je recueille une notification sur mon téléphone pour m'informer d'un message reçu sur Instagram. Je regarde, il s'agit de Manue.

– C'est drôle que tu écrives sur ma publication, Émilie. Je te suis depuis *Secret Story*.

Un dialogue s'installe. J'en profite pour lui demander comment elle a fait pour diminuer sa masse corporelle. Elle m'explique avoir pratiqué le sport, effectué un rééquilibrage alimentaire et pris des gélules qui brûlent les graisses. Je suis intéressée.

– Mais où en as-tu trouvé ?

– Cela vient d'Allemagne, mais tu peux en réserver sur Internet.

Ma curiosité est à son comble ! Je commande sur le site en question. Trois semaines plus tard, le colis avec le précieux sésame arrive. Il était temps, je commençais à désespérer. Aussitôt, j'épluche les conseils d'utilisation et les doses à prendre. Au bout de quelques jours, une différence se ressent... La cellulite de mon corps semble se gommer. Mes poignées d'amour s'effacent ! Je suis impressionnée. Mais j'ai la sensation que ce produit n'est pas naturel et ça m'embête. Je décide de faire analyser la formule par le médecin de l'AC Milan : il constate seulement quelques enrobages non naturels et trois substances chimiques, mais le reste est composé de plantes. Je continue le traitement.

Chaque jour, mon dîner est quasiment identique. Je tente néanmoins de diversifier les plats afin de ne pas tomber dans la routine. J'ai acquis un tapis de course que j'ai aménagé dans la cave. Le soir, j'y vais de temps en temps pour dépenser mes calories. J'ai installé une caméra pour surveiller mes deux bambins qui dorment à l'étage. Ma motivation est tellement grande : je veux absolument récupérer mon corps de jeune fille.

Je passe également beaucoup de temps sur Instagram. Je partage ma nouvelle vie de maman et, surtout, l'évolution de ma perte de poids avec mes abonnés. Cela intéresse tellement de monde... Tellement sauf une personne : Jérémy, qui ne me comprend pas. Cette situation assombrit l'ambiance au sein de notre couple et des tensions émergent. Jérémy n'est sur aucun réseau social, il n'en voit pas l'utilité. Il vit très mal que j'y passe autant de temps et que j'y consacre tant d'énergie !

Malgré les disputes constantes, je continue à partager mon évolution sur les réseaux. Après une vingtaine de jours d'un régime strict, sans sucre mais en consommant de la viande, je me rends compte que j'ai maintenant une vision différente de l'alimentation : je transforme mes plats gourmands en véritables repas équilibrés. Je me sens bien ! Je ressens les bienfaits de ce rééquilibrage dans tout mon être, dans mon corps et dans ma tête. L'arrêt total du sucre est incroyablement bénéfique. Physiquement, le changement s'opère : une taille de jean en moins... Et bientôt trois ! Je passe du 42 au 36 en trois mois. Je fonds ! Je suis contente, j'ai l'impression de revivre. J'ai perdu vingt-six kilos ! Je suis super fière de moi : je n'ai fait aucun écart... Pas le moindre délit ! J'ai été exemplaire et j'ai suivi la ligne que je m'étais fixée.

Pas de sucre raffiné ni ajouté, pas de dessert, pas de bonbons, pas de sodas, pas d'alcool... Rien que ça, ça change déjà la vie. Néanmoins, opter uniquement pour des plats végétariens ou des produits animaux dépend de chacun. À mon sens, manger de la viande blanche ou rouge deux fois par semaine est suffisant. Sans oublier le poisson, en mettant l'accent sur les éléments maigres, comme le cabillaud, le colin, la daurade, le merlan, la lotte ou encore la truite, qui sont peu caloriques. Et vous pouvez consommer les autres poissons, mais sans ajout de matière grasse.

Je pense que toute personne qui ne se sent pas bien dans son corps doit, avant toute chose, avoir un déclic pour démarrer un régime. Si on n'est pas motivé, il y a peu de chance que ça aboutisse. Un élément déclencheur peut par exemple intervenir chez une femme qui tombe amoureuse ou qui souhaite absolument rentrer dans sa robe de mariée... Mais je ne dis pas que la perfection est d'être mince... Loin de là ! Personnellement, j'aime les formes, mais je ne veux pas éprouver un complexe – comme c'était le cas – car, sinon, je me sens mal. Maigrir est un combat de tous les instants !

Si j'ai grossi, c'est dû à une défaillance dans mon corps ou dans mon esprit. Un choc psychologique peut être à l'origine d'une prise de poids. Il en va de même pour un mauvais train de vie alimentaire. Il est difficile de mincir en ne changeant rien. Dans une maison désorganisée, le bazar survient. Quelque chose doit être mis en œuvre afin que cette dernière soit en ordre. Pour notre corps, c'est le même schéma. On ne gomme pas une habitude en une nuit, tout comme on ne range pas une habitation en un claquement de doigts. Cela demande du temps. Pour changer ses rituels, il faut les remplacer par de nouvelles habitudes, à l'opposé de celles qui vous ont amenés à déborder de votre jean. Si vous grignotez régulièrement entre les repas, pensez à arrêter. Votre corps n'est pas fait pour manger constamment. Si votre boulimie vient d'un problème psychologique antérieur, faites-vous suivre par un professionnel de santé qui vous aidera au mieux à trouver votre nouveau chemin.

Personnellement, mes deux grossesses ont favorisé cette prise de poids. Et puis, j'ai toujours mangé n'importe comment, ce que je voulais et à n'importe quel moment. J'avais habitué mon organisme, à tort, à ces rendez-vous nourrissants constamment improvisés. Je ne grossissais pas, mais ça ne pouvait pas durer éternellement. Mon corps n'en pouvait plus et a dit stop ! Mes grossesses lui ont permis de sonner l'alerte : j'ai accumulé beaucoup de poids sans le perdre après accouchements. Finalement, mes grossesses m'ont sauvé la vie : sans elles, je n'aurais rien changé à mon rythme alimentaire et, un jour, mon corps m'aurait lâché, peut-être en me faisant tomber malade.

Un régime est un travail du corps et de l'esprit. Éliminer des calories s'avère plus dur et fatigant que ce qu'on pense. Il est aussi important de se dépenser physiquement en faisant une activité sportive.

Évitez le plus possible les écarts : pour rattraper un malheureux croissant, il faudra courir deux heures ! Autant manger une orange à la place...

Ne négligez pas vos récompenses. Certes, votre première satisfaction sera de voir votre poids diminuer sur la balance. Mais, lors d'un régime, il s'agit de maintenir l'équilibre de notre esprit. Et, pour cela, une récompense s'impose. Il convient d'y réfléchir à tête reposée : qu'est-ce qui constitue une gratification pour vous ? Si vous avez opté pour une cure végétarienne mais que l'image d'une belle viande vous fait saliver, pourquoi pas, au bout de plusieurs semaines, vous laisser tenter, un soir, par un bon steak ? Cela fera du bien à votre esprit ! Bien évidemment, faites attention à la cuisson et aux accompagnements.

Trois mois, c'est long et il ne faut pas vous isoler du monde. Combien de personnes disent : « Je ne peux pas venir manger chez toi, je suis au régime ! » Partager un repas convivial avec des amis fera du bien à votre âme. Cela étant, il ne faut pas que ce soit régulier. La vie sociale est importante pour l'esprit et, par conséquent, c'est aussi ce dernier qui dirige notre corps. Bref, l'un ne va pas sans l'autre...

Ce que j'ai entrepris, je ne le considère pas comme un régime, mais comme un rééquilibrage alimentaire. Depuis que j'ai perdu mes vingt-six kilos, je continue dans cette même lignée, en prenant un petit-déjeuner et un dîner. Aujourd'hui, je ne suis pas végétarienne : je consomme toujours deux ou trois fois par semaine de la viande ou du poisson. Cependant, j'ai banni le sucre, qui est très néfaste pour la santé. Et je ne grignote pas entre les repas. Je fais en sorte de ne pas retomber dans mes travers... C'est un nouveau rythme de vie qui convient parfaitement à mon esprit et à mon corps.

17
LA RUPTURE

Ma relation avec Jérémy est toujours pleine de complications. Notre relation, c'est « je t'aime, moi non plus ». Au quotidien, c'est un enfer. Il sort toujours autant et s'amuse à la PlayStation avec sa bande de potes. Et moi, pendant ce temps, je m'occupe de nos deux enfants. Jérémy est maniaque de la propreté et veut que tout soit parfait à la maison alors qu'on a déjà une femme de ménage à temps plein. Si un truc dépasse, ça le rend dingue ! Et puis, dès que les choses ne tournent pas comme il l'entend dans son club, ça se répercute sur notre foyer. Il a du mal à faire la part des choses et c'est notre couple qui paye l'addition. On vit des moments compliqués : je ne le comprends pas et lui reste campé sur ses positions.

J'essaye de garder le moral et de faire l'impasse sur cette situation désespérante. La naissance de nos enfants a considérablement perturbé notre couple. Ce n'est évidemment pas la faute des bambins. Jérémy a ses idées ; moi, j'ai les miennes... Les conflits ne cessent de s'intensifier de jour en jour. S'il existait une méthode miracle pour le couple et pour être de bons parents, je serais la première acheteuse.

Avec Jérémy, notre histoire a été trop rapide : trois mois après notre rencontre, je suis tombée enceinte. Nous n'avons pas réellement consommé notre passion. À peine ensemble qu'on était déjà parents avec des responsabilités très lourdes. Pourtant, j'ai toujours considéré un enfant comme le fruit du désir, qui réunit deux personnes amoureuses. C'est beau, voire idyllique ! Aujourd'hui, ma conception des choses n'a pas changé. Je constate seulement qu'entre Jérémy et moi, tout est allé trop vite. Comme tout jeune couple, on aimait sortir dans de bons restaurants, boire des verres, faire la fête. Trois mois de rire et de folie, c'est peu pour un couple dans la fleur de l'âge.

Dans toute histoire d'amour, même au début, il y a des conflits, c'est normal. Mais Jérémy et moi avons de forts caractères. À 24 ans, être impulsifs comme nous l'étions provoque des querelles sur n'importe quel sujet, notamment le ménage. Jérémy est très ordonné. Moi, au contraire, je suis bordélique. Je ne me cache pas de mes défauts. Cela a le don d'agacer mon chéri. Les disputes pleuvent. Je n'ai plus la joie de vivre des premiers jours ; je me sens mal. Si jeunes, nous n'avions pas le recul nécessaire pour réfréner notre impulsivité. À 30 ou 40 ans, cela aurait été différent, la maturité aurait eu raison de nos ardeurs.

À la naissance de Menzo, les tensions ont évolué. Nous vivons à l'étranger ; je maîtrise difficilement la langue. Je commence à m'habituer, cela fait quand même quelques mois maintenant. Mais ce n'est pas facile. Je tente de trouver des occupations et je me mets à faire du sport. Je sympathise avec Alexandra, une jeune maman rencontrée à l'école française des enfants. Je m'entends bien avec elle. J'ai enfin une personne sur qui m'appuyer, en plus de nos voisins, qui parlent le français. Je ne suis finalement pas trop dépaysée.

Jérémy et moi, nous voyons peu d'amis et sommes constamment ensemble, jours et nuits : à la longue, tout notre environnement devient pénible. On se reproche mutuellement de ne pas faire les choses comme il le faut. Chacun pense que sa manière de faire est meilleure. C'est comme ça que naissent les disputes. Et elles sont de plus en plus fréquentes. On s'engueule, puis on ne se parle plus pendant plusieurs jours. Et c'est difficile de vivre ensemble sans dialoguer. Cependant, on ne se dispute jamais devant Maëlla et Menzo pour les préserver. Ça me semble primordial : je ne veux pas qu'ils souffrent. Être spectateur des engueulades de ses parents, c'est terrible. Je sais à quel point cela peut avoir des conséquences dramatiques sur un jeune être humain. Hors de question d'imposer cela aux nôtres. Ils ne sont responsables de rien. Ce sont des personnes pures et innocentes : on doit leur apporter un maximum d'équilibre. Beaucoup d'enfants souffrent de la séparation de leurs parents et d'être témoins de leurs disputes. Tout ceci sème des problèmes sur leur avenir. Dans mon passé, je l'ai vécu, je sais de quoi je parle. Je suis contente d'avoir appliqué cette règle : ni Maëlla ni Menzo n'ont pâti de la situation. Un enfant se sent en sécurité auprès de ses parents. C'est un sentiment qu'on peut déceler dans son regard. Pour lui, c'est la clé de son existence. Alors, à la moindre querelle, il est logique qu'il se pose cette question : « Mes parents vont-ils divorcer ? » On évolue dans une époque où la séparation est fréquente. Les familles monoparentales sont en réelle augmentation.

Dans un couple, il est important de se dire les choses et d'éviter de tout garder pour soi. Parfois, la communication est complexe. Une scène de ménage peut aussi aider à construire et solidifier une relation. Si une dispute se produit devant un enfant, il est préférable de lui expliquer qu'une discorde est normale : un papa et une maman ne peuvent pas être toujours d'accord sur tout.

Les disputes sont réservées à l'intimité des parents. Nous devons avoir la pudeur et l'intelligence de nous isoler lorsqu'un conflit survient entre un père et une mère. Un enfant préfère les voir amoureux et complices.

Je suis souvent sur les réseaux sociaux, ce qui n'arrange pas ma relation avec Jérémy. Il me fait constamment des reproches et ne supporte pas que j'y passe autant de temps. Il n'en voit pas l'intérêt. Pour lui, c'est clairement une perte de temps. Ça l'irrite et il ne peut s'empêcher de me le dire. Ça a le don de m'agacer. L'énervement monte et c'est ainsi que naissent nos disputes. Toute cette pression sur nos épaules, ce changement de vie, nos enfants, nos colères : ça me perturbe profondément... Je le vis très mal. Ça se répercute sur notre couple. Je dois être aussi très chiante avec Jérémy. Il ne doit pas être le seul à tomber dans la marmite de la critique. J'ai probablement des défauts et je l'assume !

D'un commun accord, pensant peut-être qu'inconsciemment les choses iront mieux, on décide d'emménager en centre-ville pour se rapprocher de l'école de notre fille : elle fait son entrée en première année de maternelle. Nous sommes le 5 août 2015. On habite dans un appartement situé dans une résidence privée et sécurisée, avec un gardien. Plusieurs joueurs de foot de l'AC Milan y demeurent, ainsi que des joueurs de l'équipe rivale, l'Inter Milan. Le lieu est simple mais très moderne. Il y a trois chambres. Dans ce nouvel espace, je prie pour que tout se passe mieux, que notre couple retrouve une belle vitalité. J'espère surtout de ne plus me disputer avec Jérémy. Malheureusement, je constate que les tensions sont toujours présentes. On s'est éloignés ! Difficile de faire croire que tout va bien alors que, dans la réalité, ce n'est pas le cas. Je souris devant les enfants, mais je pleure intérieurement. La déprime me guette et attend dans l'ombre le moment de me dévorer.

En novembre 2015, je me perds dans ma solitude et m'enfonce dans mon mal-être. Je sanglote chaque jour, cachée au fond de mon lit. Je souffre. Toutes nos disputes me pèsent et la distance entre nous s'agrandit à chaque instant. On ne s'exprime pas assez, la communication est réduite à peau de chagrin dans notre couple. Les non-dits nous minent et les problèmes s'accumulent. Je ne peux pas continuer à vivre de cette façon. Il faut que je parle à Jérémy, ça devient urgent, pour ne pas dire vital. Je dois crever l'abcès.

– Jérémy, qu'est-ce qui ne va pas entre nous ?

Il me regarde, les yeux dans le vide, cherchant une réponse...

Je reprends la parole.

– Le problème vient certainement de moi, j'ai l'impression que notre histoire d'amour n'est plus comme avant. C'est différent ! On ne se supporte plus l'un l'autre, on passe notre temps à se disputer...

J'essaie de retenir mes larmes, mais ma gorge se noue. Jérémy reste stoïque, il ne bronche pas ! Probablement attend-il que je termine...

– Je ne t'aime plus comme avant, Jérémy.

Je sens aussitôt que cette phrase est le couperet final, comme si j'annonçais sa peine de mort. Il s'énerve.

– Est-ce que tu es certaine de ce que tu viens de me dire ?

Un silence... Je le regarde droit dans les yeux.

– Oui !

L'impact le touche en plein cœur. Comme un homme à terre, il quitte le logement un instant pour prendre l'air.

Je reste seule, sans réponse. Je suis assommée, je viens de briser mon couple.

Plusieurs heures plus tard, Jérémy revient et m'annonce d'un ton froid :

– J'ai décidé de me trouver un appartement, le temps d'y voir plus clair… J'ai besoin de réfléchir à tout ça. Et comprendre ce qui ne va pas entre nous.

Je ne dis rien, je réalise que l'avenir de notre relation s'assombrit. Un nuage recouvre le soleil de notre amour. Face à Jérémy, je ne laisse rien transparaître. Je ne veux pas qu'il remarque ma blessure… Je fais mine de valider son choix, comme si ça m'arrangeait. Pourtant, à l'intérieur de moi, la déchirure est grande.

Quelques jours plus tard, Jérémy fait ses bagages et s'en va. Je me retrouve seule avec Maëlla et Menzo dans ce grand appartement. Les soirées sont longues, remplies de réflexions, d'idées, de souffrances, de pleurs et de silences. Je me sens seule, abandonnée, mais, paradoxalement, je ressens un sentiment de liberté. Je suis prête pour une nouvelle vie.

Dans un premier temps, je me sens pousser des ailes. Après avoir déposé Maëlla à l'école et Menzo à la crèche chaque matin, je fais mon sport… Je m'occupe enfin de moi, loin des conflits. Ça me procure un bien fou ! Quelque temps avant notre séparation, nous avons recruté, via un site italien de nounous, une jeune demoiselle. J'ai beaucoup d'amitié à son égard. En ces moments difficiles, elle est très présente et me seconde énormément. Je lui confie tout.

Je voulais devenir une femme forte, insensible à cette situation. Mais, très rapidement, la réalité devient différente. Je pleure tous les jours. Je n'arrive pas à accepter cette rupture. C'est terrible ! J'ai toujours rêvé de fonder une famille solide et unie... Je vis une situation que je n'ai pas voulue.

Mes sentiments sont étranges et curieux : je suis à la fois à la limite de la dépression et de la joie. Je passe de l'ombre à la lumière constamment, du sourire aux larmes à chaque instant... Je ne peux pas rester comme ça. Je ne veux plus voir personne. La lumière s'est éteinte en moi, je dois me ressaisir. Je pense que ce logement n'est pas favorable pour aller mieux, il faut que j'aille ailleurs.

Je trouve un splendide appartement de cinq cents mètres carrés au sol marbré. Trois chambres, une cuisine équipée et un grand séjour hyper illuminé : c'est magnifique ! Il y a également une piscine commune pour les habitants de la résidence. Je tombe amoureuse du lieu... Ça me redonne de l'espoir et un regain de vitalité. Je veux absolument y vivre, mais je n'ai pas de travail, et donc pas de fiche de paie. Je ne peux pas financer cette location toute seule. Seul Jérémy peut m'aider. Je lui demande : je sais qu'il ne me laissera pas tomber... Et puis, c'est aussi pour le bien de nos enfants.

Il accepte ! Bizarrement, nous vivons une relation très apaisée, loin de l'autre, sans aucune dispute. On est d'accord sur tout ! Comme si la maturité s'immisçait enfin dans notre relation. Avant le déménagement, on fête même Noël tous ensemble dans notre futur ex-appartement. Ma mère est présente, ainsi que mon amie Céline. L'ambiance est agréable, sans tension. Les enfants s'amusent et sont heureux. C'est tout ce qui compte…

18
LA TENTATION À L'ITALIENNE

En novembre 2015, Jérémy me contacte par SMS ; il souhaite m'annoncer quelque chose de très important. Il termine son message par « Ça me tient à cœur ! »...

Assise à l'intérieur de ma voiture garée sur le parking de l'hypermarché, je m'apprête à faire mes courses. Étonnée, je réponds :

– Bah ! Dis-moi maintenant.

– Non, je te dirai quand on se verra.

– Allez ! Lâche l'info stp.

Je suis indiscrète ! Je veux savoir ce qui se cache derrière cette « chose importante ». Il finit par céder.

– Voilà, j'ai rencontré quelqu'un, mais il faut que je t'en parle de vive voix... C'est mieux !

Je suis assise, et heureusement : ce que je lis me fait mal. Blessée, je pianote sur l'écran de mon téléphone.

– Ah bon ! Mais comment ? Qui ? Quand ? Où ?

Je ne veux pas y croire !

– Écoute, on en parlera quand on se verra, mais elle va venir vivre avec moi. C'est une chouette nana, et elle a un petit garçon.

– Comment s'appelle-t-elle ?

– Francesca.

Seule dans mon véhicule, je suis choquée ! J'ai l'impression de dégringoler du haut d'un immeuble. La chute est brutale. Tout s'écroule, je suis abasourdie, terrassée par une douleur titanesque. Je respire mal, j'ai la nausée... Ce n'est pas possible, je rêve, c'est une blague. Comment peut-il me faire ça ?

J'avais pourtant la conviction d'être la seule femme qui comptait à ses yeux et qu'il ne s'intéresserait jamais à une autre. Et surtout pas aussi rapidement. Je n'en reviens pas ! Mes pensées fusent ; je ne trouve aucun élément de réponse. Le froid m'entoure et cette nouvelle me terrasse... Je suis dévastée. J'ai mal à l'âme, je suis à la limite du malaise. Je reste un long moment prostrée, à réfléchir. L'annonce est dure à accepter, je ne réalise pas. Je ne peux imaginer Jérémy me remplacer. Le connaissant, il n'est pas du style à mentir. Qu'il rencontre une nana, je veux bien – nous ne sommes plus ensemble –, mais habiter avec elle, c'est trop !

Les jours suivants, je reste à broyer du noir et à pleurer seule avec mon mouchoir. Le moral dans les chaussettes, je l'imagine constamment avec cette fille : ces pensées me font souffrir... Chaque seconde est une torture. Je croule sous la peine et la tristesse. Mon cœur se serre, je suffoque !

Tant que Jérémy demeurait célibataire, j'avais l'impression de pouvoir peut-être renouer à tout moment. Je n'ai pas prévu qu'il puisse rencontrer quelqu'un. Que sera mon avenir sans lui ? Je réalise à quel point les mois qui viennent vont être difficiles. Je ne cesse de sangloter, de penser au début de notre relation, quand tout était parfait. Suis-je vouée à rester une maman célibataire toute ma vie ? Je ne pourrai plus jamais aimer ni faire confiance à un homme. Tout me dégoûte, je déprime. C'est horrible d'imaginer l'homme qu'on aime dans les bras d'une autre. Je ressasse mille scénarios possibles. À force d'y penser, la folie s'empare de moi... Ça me bouffe et me démoralise. J'ai une mine déconfite, mon sourire semble s'être définitivement envolé. Je vis cela comme une véritable trahison de la part de Jérémy. Un coup de poignard dans le dos ne me ferait pas tant de mal. Pourquoi me fait-il ça ? Je me rends compte que je l'aime encore, mais c'est trop tard... Il est avec cette nana et prend sûrement du bon temps. Et moi, je suis le dindon de la farce. J'ai l'impression d'être prise pour une cruche.

Heureusement, j'ai mes deux enfants d'amour, qui me permettent de garder la tête hors de l'eau. Sinon, je pense que j'aurais coulé...

Quelques jours plus tard, je m'en vais acheter des couches pour Menzo au supermarché à côté de la résidence. Je suis vêtue d'un jean, d'une doudoune et d'une paire de baskets. Je ne suis pas du tout apprêtée. Et puis, avec mes cheveux décolorés en blanc, j'ai une tête à faire peur. Je me sens horriblement moche. À la caisse, un homme de grande taille, à la chevelure brune, un air séduisant, me dévisage attentivement. Je suis surprise par son regard insistant... On ne peut absolument pas dire que je sois glamour. Je le regarde un peu gênée ; je règle les courses et je déserte le lieu. Je l'observe sortir du supermarché et partir au loin. Un léger regret et je me dis : « C'est normal, tu ne donnes envie à personne dans ton état ! Qui voudrait de toi ? »

Je charge les courses, puis je quitte le parking. Au feu rouge suivant, dans mon rétroviseur, je vois ce jeune homme dans son véhicule se diriger à ma hauteur. Il me demande d'ouvrir ma fenêtre. Je refuse, je suis trop troublée. Il insiste, alors je m'exécute. Il me parle en italien, j'ai du mal à le comprendre, mais j'arrive tout de même à capter une phrase :

– Tu pourrais t'arrêter juste une minute, s'il te plaît ?

Le ton est très courtois. Je me gare près d'un trottoir, lui aussi. Il sort et s'approche. Je reste dans mon véhicule, je n'ai pas confiance. Je suis surprise par sa grande taille. Quel bel homme ! Je suis mal à l'aise et je commence à rougir.

– Excusez-moi, je n'ai pas l'habitude de faire ce genre de choses, mais je désire vous demander si nous pouvons discuter...

Son accent italien ne me laisse pas indifférente.

– Mais de quoi veux-tu parler ? Je ne te connais même pas...

Aussitôt, on se met à rigoler. Dès qu'une circonstance m'embarrasse, je ne peux m'empêcher de rire.

– Que fais-tu ici ?

– Je suis venue pour le père de mes enfants !

Je regarde les gâteaux de mes bambins écrasés sur leurs sièges auto. Ça m'exaspère. La situation est déroutante !

– Quel est ton prénom ? Ton nom ? Comme ça, je pourrai te retrouver sur les réseaux sociaux.

Je suis une célibataire déprimée, il sera peut-être mon remède. Je suis prête à tout pour sortir de ma solitude et pour cesser de souffrir.

– Émilie Nef Naf.

Il me donne le sourire. Je lui demande :

– Et le tien ?

– Bruno.

Avant de partir, il me tient la main... Je le trouve trop tactile, ça me choque, d'autant que je ne le suis pas du tout. Mais, d'un certain côté, ce n'est pas aussi déplaisant que je le pensais...

Le lendemain matin, je reçois une notification : c'est ce fameux Bruno qui m'envoie un message privé sur Instagram.

J'ai le choix entre « Confirmer » ou « Supprimer »... Je clique sur le premier. Tentons le diable !

– Salut Émilie, ça me fait plaisir de te trouver sur Insta ! Comment vas-tu depuis hier ?

– Je suis en pleine forme.

Ce n'est pas vrai : j'ai mal au bide tellement mon malêtre est grand. Mais son message m'apporte une sensation d'apaisement. Dans cette période, tout éventuel remède est bon à prendre. À défaut de consommer du chocolat hyper calorique pour lutter contre la dépression, je préfère tenter l'impossible dans les bras d'un nouvel amant.

– Émilie, je peux avoir ton numéro de téléphone ?

Je réfléchis quelques secondes... Allez, je n'ai rien à perdre, je lui balance...

Surprise : il m'appelle aussitôt ! La gorge un peu nouée, je décroche. Je reconnais son timbre de voix et son joli accent. Nous parlons de longues minutes... Il me fait comprendre qu'il est célibataire. J'avoue qu'il me séduit. Mon cœur palpite. J'apprends qu'il est basketteur. Pas étonnant vu son immense taille. On aborde plusieurs sujets au gré de la conversation et je lui promets de l'inviter à mon anniversaire. « Tu es rapide », me dis-je à moi-même.

Mais avant, nous nous donnons rendez-vous dans un café à Milan. Je suis contente de le rencontrer. Autour d'un verre, en pleine discussion, il me donne des détails sur son célibat : il était avec une fille depuis treize ans, mais ils ont rompu il y a plus d'un an. C'est de l'histoire ancienne, ils ne se parlent plus vraiment. Je me mordille les lèvres, contente de ce qu'il m'annonce. Il habite chez un copain. On continue à discuter de tout et de rien et on passe un super bon moment ensemble. On se regarde longuement les yeux dans les yeux, puis il s'approche vers moi pour m'embrasser. Je me laisse faire, j'en ai tellement envie ! On se promet de se revoir très vite. Je rentre chez moi en mode « Waouh, c'est trop bien » !

La veille de mon anniversaire, Bruno m'apprend qu'il part en « mise au vert » avec son équipe. Je n'y prête pas plus attention que ça. Le soir, je visite le profil Instagram de son ex. J'ai un doute sur leur relation. Sur sa story, je la découvre avec Bruno dans un restaurant, en compagnie d'un couple d'amis. La photo a été postée quelques minutes plus tôt.

Quel salaud ! Il m'a pourtant garanti ne plus avoir le moindre rapport avec elle. Je suis vénère ! À cet instant, une boule de colère monte en moi, j'ai chaud et mon cœur bat rapidement. Je dois me calmer ! Je réalise qu'il fréquente toujours son ex-copine. Il n'a jamais évoqué cette situation lors de nos échanges. Je ne suis franchement pas ravie : il m'a menti. Je m'énerve : j'ai du tempérament. Je fonce directement en direction du restaurant. Je ne pense qu'à une chose : les surprendre ! Je ne supporte pas qu'on puisse me trahir et me mentir, c'est tellement lâche. Ce n'est pas intelligent de la part de Bruno de s'afficher sur le réseau social de son ex, sachant pertinemment que je suis hyper connectée. D'autant qu'il m'a dit être avec son club pour la « mise au vert »... Je suis vexée et humiliée. Arrivée sur place, je ne trouve personne... Je suis arrivée trop tard. Je suis dégoûtée ! Je retourne chez moi, toute tremblante et au sommet de l'énervement.

Le lendemain matin, Bruno m'écrit. Il voulait m'offrir pour mon anniversaire un livre dont le titre est *Les clés du bonheur*.

– J'ai récupéré ton livre, quand est-ce qu'on peut se voir pour que je te l'offre ?

– Tu n'as pas plutôt un livre sur les clés de la sincérité ?

Et je l'appelle pour l'informer de ce que j'ai découvert. Bruno fait d'abord l'ignorant puis tente de se faire pardonner. Mais rien à faire, il m'a profondément blessée. Je refuse tout contact avec lui. Et hors de question qu'il vienne à mon anniversaire ! Il entreprend de me faire changer d'avis, mais il peut toujours courir : je déteste le mensonge. Et avec mon caractère bien trempé, il est mal tombé.

Le soir de mon anniversaire, qui se tient dans un grand restaurant, mes amis de France ont fait le déplacement... Ils veulent me cajoler, ils savent que l'histoire est terminée entre Jérémy et moi.

Alors que je rigole avec des copines, qui vois-je arriver, accompagné d'un de ses amis ? Bruno ! Je n'y crois pas. Quel culot ! Il s'installe à une table à côté de moi. Je suis super gênée, je lui ai interdit de mettre les pieds dans ce restaurant ce soir. Je n'en reviens pas qu'il soit quand même venu, comme si de rien n'était. Tout le long de la soirée, je l'esquive et refuse de lui adresser la parole !

Quelques jours plus tard, je reprends contact avec lui. Il plaide sa cause et avance mille arguments. Comme un bon avocat, il me convainc et réussit à me faire changer d'avis. Je vous le dis, c'est un magicien.

Une fois les fêtes de fin d'année passées, on se revoit de temps en temps. Pas souvent, mais tout de même suffisamment pour que naisse une complicité entre nous. De mon côté, je ne perçois pas cette histoire comme sérieuse, je sens qu'il n'est ni très clair ni sincère à mon égard. Je ne suis pas médium, mais je ressens une inquiétude à l'intérieur de moi. Je dois rester méfiante.

En janvier 2016, je croise Jérémy et je lui apprends que j'ai une relation avec Bruno.

– Ah ouais ? C'est cool, tu as l'air heureuse, je suis content pour toi...

Je ne sais pas s'il le pense sincèrement. Lui est toujours en couple avec cette Francesca. Sur Instagram, Jérémy ne suit pas beaucoup de meufs, mis à part des membres de nos familles et des amies. Il officialise indirectement son idylle avec Francesca en la suivant. Ce doit être sa façon d'indiquer qu'il est en couple avec elle. Il ne poste pas de photos d'eux ensemble sur son profil, mais il y en a sur celui de Francesca.

Je suis au restaurant à Milan avec Alexandra, une copine française, lorsque je découvre qu'il s'est mis à la suivre. Comme nous avons bu beaucoup de vin rouge, je m'esquisse aux toilettes pour vomir... Et pleurer.

Alexandra me rejoint.

– Mais qu'est-ce que tu fous, ça fait une heure que je t'attends à table ?

– Jérémy l'a suivie...

Je suis complètement effondrée.

La presse s'en mêle et déballe la nouvelle relation de Jérémy. Francesca me téléphone.

– Je me fais insulter par des personnes en France. J'ai un fils, je suis maman, et je n'ai rien fait... Ce n'est pas à cause de moi que Jérémy et toi êtes séparés. Peux-tu, s'il te plaît, clarifier la situation sur ta page Instagram ?

J'accepte et je laisse donc un message :

Je n'ai aucun problème avec Jérémy Ménez et sa nouvelle relation avec Francesca. Il est vrai que tout est arrivé si rapidement que cela peut choquer, mais c'est la vie et c'est comme ça. Cette fille et son entourage n'ont absolument rien à voir dans les raisons pour lesquelles nous nous sommes séparés. Bonne journée.

Le soir du 18 mars, le téléphone sonne, c'est Jérémy.

– Émilie, je ne vais pas bien, je regrette, notre rupture est une erreur. J'ai besoin de te voir, de t'entendre... J'ai envie de n'être qu'avec toi.

Je l'écoute attentivement, il semble triste et sincère ! Ses mots me vont droit au cœur. Je suis bouleversée ; je sens qu'il a raison. On n'aurait jamais dû se séparer. Je suis perturbée, mon amour pour Jérémy ne s'est pas effacé, il est bien plus fort que mon amourette avec Bruno.

Aussitôt, dans l'heure qui suit, je décide de prendre les devants et j'en parle à mon Italien.

– Écoute, je pense avoir commis une erreur en me mettant en couple avec toi et j'ai besoin d'en avoir le cœur net. Je veux faire passer ma famille en priorité et mon foyer, ce sont mes enfants et Jérémy. Je veux redonner une chance à ma famille.

Malgré sa peine, il comprend ma décision.

Avec Jérémy, nous nous revoyons. Je suis tellement heureuse. Mon cœur s'enivre dès que je l'entrevois. Mes sentiments à son égard remontent à la surface, aussi intensément qu'un tsunami. Je réalise à quel point je l'aime. Devant lui, je redeviens une adolescente, amoureuse comme au premier jour. Il est si beau !

– Je suis désolée de cette situation, je n'ai pas voulu te faire du mal, lui dis-je.

– C'est pareil pour moi, je n'arrive pas à vivre sans toi. Oublions le passé et recommençons ensemble.

– OK ! Et plus de bêtise ni l'un ni l'autre ?

– Oui, tout ça, c'est terminé.

On regrette tous les deux d'avoir gâché notre histoire !

Mais rapidement, de nouvelles disputes éclatent entre nous : chacun de nous deux a de la rancœur. Lui parce que j'ai eu un mec et moi parce qu'il a eu une nana. Comme au ping-pong, les coups fusent. On se balance des critiques inlassablement. Finalement, aucun de nous deux n'a accepté ce que l'un et l'autre ont fait.

Dans le même temps, Bruno m'envoie régulièrement des messages sur mes réseaux sociaux. Je suis dans l'obligation de le bloquer partout. Il devient trop envahissant. Il utilise alors mille stratagèmes pour me faire tourner la tête. Par exemple, il crée de faux profils sur Facebook et Instagram pour m'envoyer des messages. Comme j'ai également bloqué son numéro, il me balance des textos via un autre. Il est trop insistant, ça me fout les boules : « Est-ce que tu es sûre de ce que tu veux ? » ; « Est-ce que tu ne te trompes pas de direction ? » ; « Vous n'avez pas l'air si bien ensemble » ; « Émilie, pourquoi tu vis une histoire à contrecœur ? » ; « Tu sais que tu aimes Bruno au fond de toi ! » ; « Tu trahis ton cœur, tu devrais suivre tes vrais sentiments »... Tout pour me retourner le cerveau. Ça fonctionne : je me pose plein de questions et je me demande s'il n'a pas raison. Je ne sais plus quoi faire. Peut-être que je fais une erreur...

Un jour, Bruno réussit à accéder à l'entrée de mon appartement et dépose un petit-déjeuner au pied de ma porte. Je trouve cela tellement exagéré et, d'un autre côté, je l'avoue, tellement mignon... bien qu'un peu étrange. Certes, ça me fait plaisir, mais il commence à me faire peur. Je lui demande de me laisser tranquille et il ne le fait pas...

Curieusement, dans un sens, j'aime bien... Il ne fait rien de tout ça en présence de Jérémy, bien évidemment. Il sait exactement quand je suis seule. Il se renseigne... Un vrai détective complètement fou de moi.

Un matin, je l'entends crier à ma fenêtre.

– Émilie, ti amo !

Je suis très mal à l'aise vis-à-vis des voisins. J'ai honte. Il va falloir qu'il se calme. Je lui demande aussitôt de se taire et de partir au plus vite. C'est trop bizarre de faire ce genre de choses. Soit il est raide dingue amoureux, soit c'est un malade ! Je suis perturbée par cette situation.

Lors d'un dîner en ville avec une amie française qui habite à Milan depuis des années, je poste un selfie d'elle et moi que je partage sur ma story Instagram, en taguant le nom du restaurant. Quelle erreur ! J'ai oublié que Bruno me scrute. Il tombe automatiquement sur la photo. Je le vois débarquer dans le restaurant. Je suis très mal. Il s'installe à notre table sans y avoir été invité. Ma copine n'apprécie absolument pas son comportement.

– Barre-toi d'ici, tu es casse-couilles !

Je ne dis rien, je suis stupéfaite en observant la scène. Il est taré, ce mec ! Il finit par sortir.

Une heure plus tard, le copieux repas dans notre estomac, nous quittons le restaurant. Et qui fait les cent pas, seul, sur le trottoir d'en face ? Bruno ! Il s'approche de moi. Je n'ai pas le choix, je dois l'affronter... C'est mon devoir.

– Il faut qu'on parle, Émilie.

– OK, mais dans ma voiture... Et n'attends rien de moi.

On s'installe dans mon véhicule, moi côté conducteur, lui côté passager. Il veut me faire changer d'avis pour que je revienne avec lui.

– Laisse-moi du temps avant de prendre une décision.

– Mais tu ne seras jamais heureuse avec Jérémy. Je te demande juste de réfléchir à ce que tu veux vraiment au fond de ton cœur. Tu es si belle, je t'aime ! Je n'arrive plus à dormir... Je n'ai plus d'appétit.

Ce poète émergé de l'Amérique latine – il est italo-argentin – sait trouver les mots pour me subjuguer. Comme le chantait Sheryfa Luna, une chanteuse que j'adore, « il avait les mots, m'a rendue accro »... Ces mots que toutes les femmes attendent venant de l'homme aimé. Mais, moi, c'est Jérémy, l'homme que j'aime. Et puis, ce n'est pas du tout le bon endroit et encore moins le bon moment. Je veux surtout qu'il s'en aille loin ! Je veux l'oublier et le sortir de mes pensées. Il est tactile – sûrement son côté italien –, alors je lui demande d'arrêter de poser ses mains sur moi. Il continue.

– Allez, un dernier câlin !

Son regard, son sourire, ses mots, son charisme : j'avoue, je ne résiste pas. Je craque : je le prends dans mes bras pendant un instant. C'est agréable de le serrer contre moi... Mais j'ai immédiatement conscience de mon erreur : ce n'est pas de cette façon que je vais l'éloigner.

Je rentre à la maison rejoindre mes enfants et ma mère, venue passer quelques jours. Mes pensées s'embrouillent de mille réflexions, je suis désorientée au cœur de toutes ces histoires. Les idées s'entremêlent, je suis perdue. J'ai besoin d'une lumière afin de m'éclairer et d'y voir plus clair. Pourtant, j'aime Jérémy à la folie. Ça, je n'en doute absolument pas. Mais nos disputes et nos rancœurs me donnent l'impression qu'on ne peut pas avancer. Et Bruno, cet Italien venu de nulle part avec ses mots qui m'ont enivrée, me fait tout remettre en question.

Je reçois un appel de Jérémy. Je décroche, il a l'air énervé.

– Quelqu'un t'a aperçue dans le centre-ville avec ce Bruno et vous vous êtes embrassés dans la voiture.

Je reste stoïque ! La situation est délicate, ma respiration s'accélère.

– Mais non, c'est faux, je ne l'ai pas embrassé !

– Arrête ! Quelqu'un t'a vue.

– Écoute-moi... Effectivement, j'ai vu Bruno aujourd'hui.

– Ben, tu vois ! Pfff...

– Attends, s'il te plaît, laisse-moi continuer. Ce n'est pas ce que tu crois. Bruno est venu me harceler au restaurant alors que j'étais avec ma copine. Ensuite, il m'a attendue. Pour calmer le jeu, j'ai souhaité lui parler dans ma voiture... Et puis, je ne sais pas pourquoi, on s'est pris dans les bras. C'est tout ! Rien de plus. Mais sincèrement, ce n'est pas ce que je voulais.

– Je ne te crois absolument pas ! Je te déteste...

Je reste un instant silencieuse ! Mon monde semble, à nouveau, se briser en quelques secondes, uniquement pour cette faute, avoir entrelacé Bruno. Le destin est parfois machiavélique et, au moindre faux pas, tout s'écroule. Je tombe de tellement haut...

– Qu'est-ce que tu veux pour notre avenir ?, demande Jérémy.

– Je ne sais pas...

Je me sens à la fois désemparée et sale. J'ai commis involontairement cette erreur. J'ai tout gâché !

Tiraillée entre Jérémy et Bruno, je vis un drame entre deux amours. Ce charmant Italien me fait tourner la tête et la rancœur que je ressens vis-à-vis de Jérémy n'arrange rien. C'est horrible : je voudrais penser à autre chose, mais je n'y arrive pas. Bruno hante mes pensées. Il fait tout pour que je quitte Jérémy. Il a une grande influence sur moi. Trop grande.

Je maigris à vue d'œil. Je suis clairement déprimée. Un jour, en prenant ma douche, je constate que je perds mes cheveux. Ils tombent et bouchent les évacuations. Je fais face à une montagne de stress.

Jérémy en a marre que Bruno revienne sans cesse. On décide alors d'arrêter définitivement notre histoire : tout le monde souffre beaucoup trop ! Je décide de retourner avec Bruno. Évidemment, il est extrêmement heureux ! Pendant longtemps, je me pose la question : qu'est-ce qui lui plaît vraiment chez moi ? Est-ce le fait d'être inaccessible et, par conséquent, pas à lui à cent pour cent ? Est-ce parce que je suis connue en France ? Peut-être que ça le fait rêver... Ou est-ce que conquérir la femme d'un grand footballeur l'excite ? Je n'ai aucune réponse...

19
DÉSORDRE AMOUREUX

En août 2016, Jérémy m'annonce une drôle de nouvelle.

– Je dois partir jouer en France, à Bordeaux.

Je suis étonnée, ça me fait bizarre : je vais me retrouver loin de lui pour la première fois depuis des années. Bien que les conflits n'aient pas cessé entre nous, nous sommes toujours très unis, ne serait-ce que pour le bien de nos enfants. Avant son départ, je me suis faite très belle pour ses jolis yeux. Je porte une longue robe fendue de couleur verte. En descendant les escaliers, je prends un air glamour. Jérémy me scrute avec un sourire béat. Ses yeux brillent. Je le dévisage.

– Alors, tu me quittes, c'est sûr ? Est-ce que tu vas habiter en bord de mer ?

– Pourquoi ?, me répond-il en rigolant.

– Bah... Qui sait ? J'aurai possiblement envie de venir voir l'océan.

– Arrête de me suivre partout.

On se fait un câlin d'amis afin de se dire au revoir. C'est curieux de faire un câlin à son ex, tout en sachant que beaucoup d'amour et beaucoup de complicité sont toujours présents. C'est un instant étrange, rempli d'affection, et plus encore : une émotion forte et énormément d'amour, même si nous ne sommes plus ensemble.

De mon côté, je reste habiter en Italie avec mes enfants. Bien que j'aie du mal à trouver ma place, j'aime beaucoup le pays, ainsi que mon appartement. Maëlla et Menzo adorent jouer dans la piscine, je me suis fait des amis... J'ai vraiment la sensation d'être chez moi. Le problème, c'est que j'ai toujours l'impression de faire les mauvais choix. Dans la vie, il n'est pas aisé de suivre le bon chemin. Le destin possède plusieurs cartes et il faut piocher la meilleure. Je suis perdue. Quand mon bel Italien fait une connerie, je me dis tout de suite : « Je t'avais prévenue, Émilie. Je le savais. »

Mes amis de France viennent me rendre visite : ils essaient tous de me rassurer. J'ai la chance d'être très entourée et, pourtant, je me sens isolée et mal aimée. J'espère un avenir radieux et plus joyeux. Je cherche un épanouissement intérieur. Une petite voix m'indique que je le trouverai. Je crois en la patience et au futur. Je veux tout faire au maximum pour être heureuse, ne rien regretter et, par conséquent, donner du bonheur à mes enfants. Ils sont ce que j'ai de meilleur au monde.

Auprès de Bruno, je vis une idylle amoureuse complètement féérique. Dans ses bras, je suis réconfortée. Il fait de moi une femme et m'aide à oublier mes cauchemars et mes angoisses devenues permanentes. Il est arrivé au bon moment même si, au départ, je l'ai repoussé. Lui, tellement convaincu par notre couple, a tout fait pour me garder. Il a le don de m'agacer, de me rendre malade... Je suis comme dans un tourbillon infernal, auquel je ne trouve pas d'issue. Dans ses bras, je suis comblée. Il est entré dans ma vie alors que rien n'allait. Bruno est ma lueur d'espoir : j'ai vu en sa personne une porte de sortie.

Nous avons une connexion très spirituelle, et ça, j'aime beaucoup. Bruno a réponse à tout et trouve à chaque instant les bons mots. Je suis fascinée par cet Italien qui comble largement le vide que je ressens. Malgré les apparences, je suis introvertie. Avec Jérémy, on se ressemble niveau caractère. Avec Bruno, c'est différent... Il prend du recul et préfère ne pas répliquer plutôt que de provoquer une dispute. J'aime cette personnalité ! C'est la première fois que je vis ce style de relation.

Pourtant, une petite voix intérieure me murmure de me méfier. J'ai cette étrange sensation qu'il me ment. Quand il me parle, son discours sonne faux : son violon n'est, à certains moments, pas accordé. Il me dit être allé dans tel endroit et, trois jours après, il m'annonce le contraire. Ce côté contradictoire me torture l'esprit. Paradoxalement, il m'attire ! Telle une détective privée, je me renseigne, je fouille, je fouine et je finis par trouver des indices qui confirment ses mensonges. Je déteste tout ça ! Pourtant, je n'ai pas envie de le quitter. Une pluie de questions s'abat sur moi : dois-je me remettre avec Jérémy ? Dois-je rester avec Bruno ? Ai-je fait réellement une erreur ? Autant d'interrogations qui restent sans réponse. Je me sens abandonnée...

Bruno devient de plus en plus bizarre et passe beaucoup de temps en boîte de nuit et dans des bars avec ses amis. Je reste seule ! Il n'arrête pas, sans cesse, de me balancer que je suis jalouse à n'en plus finir. Je ne comprends pas pourquoi il me répète cela inlassablement... Tout comme je ne saisis pas pourquoi il a autant de contacts avec son ex. Avec Bruno, c'est toujours moi le problème, jamais lui.

Un jour de septembre, après une dispute, Bruno s'endort sur le canapé. Je suis dans ma chambre, triste. En pleine nuit, je me lève et j'aperçois son téléphone portable. Je m'approche... et je recule. « Non, tu ne peux pas faire ça », me dis-je. Une envie incommensurable, presque irréelle, me pousse à le faire malgré tout. Je prends l'appareil, entre son code – il me l'avait donné, il n'a donc sûrement rien à cacher –, et regarde ses messages. Je découvre l'impensable : il discute constamment avec une jeune femme célèbre en Grèce. Curieusement, elle me ressemble. Je suis dégoûtée : leurs conversations dépassent une simple amitié.

Que Bruno puisse me tromper, je ne m'y attendais pas. Jamais ! Il a réussi à faire de moi une amante épanouie et, en une seconde, je perds toute confiance. Je boucle mes affaires et je le quitte ! Je suis hyper triste et je ne cesse de pleurer. J'ai la nausée tellement j'en souffre ! Je m'en veux. Une chose est sûre : je ne veux plus le voir. Il tente de me relancer, mais je refuse tout dialogue.

Quelques jours plus tard, j'appelle mon seul et unique repère : Jérémy.

– Je me suis brouillée avec Bruno... Il m'a trompée ! Ce mec est une ordure, je ne veux plus de lui. Je vais venir à Bordeaux, il faut que je te voie.

– Non, Émilie, hors de question. Ce n'est pas possible.

Jérémy est énervé, il n'a jamais réellement accepté notre séparation et encore moins que je sorte avec cet Italien.

– Jérémy, s'il te plaît ! Je me suis fourvoyée, j'ai fait une erreur, mais, cette fois-ci, je suis certaine de mon choix.

Il ne croit pas un mot de ce que j'avance. Je ne peux pas lui en vouloir. Revenir vers lui, ce n'est pas très rationnel. Je me sens désemparée, je ne sais plus quoi faire. Dois-je écouter mon cœur ou la raison ? Si je suis mon âme, je cours vers Bruno ; si j'emprunte l'autre chemin, je dois le fuir.

En octobre, je prends la décision de rejoindre Jérémy à Bordeaux. Je me retrouve avec nos enfants dans l'avion : direction la France. Le revoir nous fait grand bien. Je veux rester vivre avec lui, mais ce n'est pas réciproque. Il trouve la situation instable ! Bien évidemment, c'est à moi de lui prouver le contraire et de lui démontrer que ma seule et unique envie, c'est d'être avec lui. J'ai cette étrange impression que cette situation est un mal pour un bien. J'ai pleinement conscience d'avoir blessé Jérémy. Dans ma tête, mes idées sont claires : Bruno n'est pas une bonne personne, il m'a trompée, il m'a salie... Je me hais tellement d'avoir fait subir cela à Jérémy, ainsi qu'à nos enfants ! Cet Italien, je ne veux plus l'entendre, ni lui parler, ni le revoir. Hors de question qu'il essaie de revenir ! Je ne désire plus la moindre nouvelle de cet énergumène.

La maison de Jérémy est très moderne... Je m'y sens bien. C'est agréable de nous retrouver tous les quatre, comme avant... La vie de famille semble reprendre. Je suis contente de ce nouveau départ, bien que nous fassions chambre à part. Jérémy m'accueille chez lui ; il a conscience de ma tristesse mais ne veut pas qu'on se remette ensemble. L'un comme l'autre, nous sommes blessés et meurtris. C'est peut-être cela aussi, le vrai amour : être capable de tout pardonner, même le pire. Jérémy m'a acceptée car il tient toujours à moi.

Les jours passent et notre amour regagne du terrain : Jérémy et moi, on se rapproche. On déménage dans une grande maison, au golf de Pessac, avec une magnifique piscine très moderne. L'endroit est sublime, avec ses quatre chambres à l'étage, plusieurs salles de bain et une belle cuisine ouverte. Sans oublier un escalier central et de grandes baies vitrées qui lui donnent du cachet.

Malheureusement, après plusieurs jours, notre horizon s'assombrit une nouvelle fois. Et à partir de Noël, l'orage gronde. On se dispute : Jérémy n'arrive pas du tout à accepter mon idylle passée avec Bruno. Il ressasse. De mon côté, je ne suis pas aux anges : j'ai eu écho d'infidélités de Jérémy. Est-ce vrai ? Je n'en sais rien et ça me bouffe le moral. Tout ce cocktail devient explosif et nos querelles ne cessent de croître... Une catastrophe ! D'autant que mon ex d'Italie cherche constamment à me joindre, et par tous les moyens. Une jeune femme française me contacte pour me convaincre que j'ai fait une erreur, que je me trompe et ne serai jamais heureuse avec Jérémy. J'apprends plus tard que cette nana est une connaissance de Bruno. Je reçois des messages étranges, toujours avec de faux profils. Bref, l'Italien tente tout ce qu'il peut pour me faire changer d'avis. Il me dit que nous sommes deux flammes jumelles inséparables, qui doivent être scindées pour mieux renaître et se retrouver... Je commence par y croire ! Des milliers de questions résonnent en moi : ai-je fait une erreur de revenir ? Suis-je trop impulsive ?

Faites vos jeux, rien ne va plus... avec Jérémy. Et puis, sur les réseaux sociaux, je reçois des messages horribles qui m'insultent et me rabaissent... Certainement des nanas qui ont fréquenté Jérémy... Des jalouses ! J'ai l'impression d'être jugée sur le banc des accusés par tout le monde. Je vis un éternel cauchemar. Je n'ai jamais livré ces histoires à personne, j'estime que cela ne regarde que Jérémy et moi. L'écrire ici me fait du bien. Bien sûr, certains vont critiquer. Je leur demande simplement d'être bienveillants et de me laisser tranquille. J'ai beaucoup souffert de cette situation et personne ne peut le comprendre...

Mon comportement change, évolue et, par effet domino, Jérémy le remarque. De nouvelles disputes éclatent. C'est sans fin. Bruno réussit à me retourner le cerveau. Comme toujours, il trouve des mots et des phrases bien faits... Il me souffle que je me trompe de vie, que je devrais être auprès de lui. Quand on est vulnérable, on est une proie facile. Je me sépare une fois de plus de Jérémy.

Je reste à Bordeaux car les enfants ont commencé l'école. Ma priorité absolue, c'est leur stabilité. Et puis, j'ai besoin de comprendre ce qui m'arrive, pourquoi ces remises en question en permanence. J'ai l'impression qu'on m'a jeté un mauvais sort.

Je tombe par hasard sur une maison dans la même rue que celle où nous habitons. Je contacte le propriétaire, mais c'est compliqué. Comme d'habitude, je n'ai pas de travail ni de fiche de paie : aucune garantie. Grâce à Jérémy qui se porte caution, j'arrive à louer cette maison. Au rez-de-chaussée, une entrée avec panorama sur le golf, un grand séjour et deux chambres ; à l'étage, une pièce à coucher et une salle de bain. Il y a aussi un jardin immense. Je m'y pose enfin en février 2017.

Je me retrouve seule dans ce nouvel espace de vie. Je broie du noir et mes pensées négatives ne cessent de me hanter. Je reprends contact avec Bruno. Je lui raconte la situation ! Évidemment, il est content.

– Tu devais me suivre : je vais signer dans un club à Venise. C'est une belle expérience et une chouette opportunité. Tu devrais essayer de vivre avec moi, tu ne nous as jamais laissé une chance.

Il a peut-être raison. J'avoue, je n'ai jamais essayé de véritablement construire une relation avec lui. Après tout, je suis la fautive. Et puis, je me dis que Venise est une jolie ville ! Je fais quelques allers-retours... Mais, à chaque fois, on se dispute. J'ai l'impression qu'il me ment tout le temps... Je ne lui fais pas confiance et ça ternit les moments que nous partageons.

Et comme si je n'avais pas assez de problèmes, je suis financièrement dans la cata ! Je suis séparée et sans travail : je ne peux compter que sur Jérémy pour me venir en aide...

20
DE PARIS À VENISE

En mars 2017, la société de production Studio 89 souhaite me faire venir à Paris pour participer à l'émission *Un dîner presque parfait,* qui doit être diffusée le 25 décembre suivant. Je suis contente, j'accepte sans hésiter !

En discutant avec le directeur de casting, il m'informe rechercher une personne pour intégrer son équipe. Travailler me ferait le plus grand bien et j'ai besoin d'argent : je lui propose mes services. Un mois plus tard, me voilà à bosser en tant que casteuse pour la chaîne W9 du groupe M6 : une semaine à Paris, l'autre à Bordeaux. Lorsque je suis dans la capitale, Jérémy garde les enfants. Mon bureau se situe dans un open space et je suis bien sûr entourée de plusieurs collègues. Mon job consiste à envoyer des mails pour rechercher des candidats afin de participer au casting des *Princes de l'amour*. C'est plaisant ! En face de mon bureau se trouve celui de Pauline Déroulède, une chouette nana.

On s'échange des petits sourires. Elle n'arrête pas de me faire des avances. C'est une meuf très rigolote.

– S'il y a "Naf Naf", moi, j'y vais !

« Naf Naf », c'est le surnom qu'elle me donne. On se marre bien, on fait des vidéos qu'on poste sur les réseaux. Un an plus tard, j'apprendrai qu'elle a eu un grave accident. Elle a dû être amputée d'une jambe. À force de combativité et grâce à sa rage de vaincre, elle a même participé à *Danse avec les stars*.

Je loge dans un appartement en banlieue parisienne que je loue depuis un moment. C'est mon pied-à-terre. Et quand je n'y suis pas, c'est mon amie Vanessa et mon pote Sofiane qui y demeurent.

Début mai, lorsque les muguets fleurissent, je décide de partir vivre complètement à Paris... J'en ai marre de Bordeaux et de faire des allers-retours ! J'y suis venue uniquement pour Jérémy, mais, compte tenu de la situation et des reproches qui ne cessent de fuser, aucun intérêt à rester... Jérémy n'a jamais réussi à accepter que je puisse aller voir ailleurs : il a trop de rancœur envers moi. Il ne m'a pas pardonnée ; impossible de continuer dans cette relation.

Avec Bruno, l'atmosphère est compliquée... Rien ne semble aboutir. J'ai besoin de liberté, de changer d'air. Et puis, j'apprends qu'il m'a encore menti... Ça m'énerve. Je n'en peux plus de toute cette pluie de mensonges. Je le quitte.

Je roule vers Paris. L'ambiance est plus légère, mais je suis à nouveau seule. J'ai cette sensation que mon existence sera parfumée de solitude amoureuse.

Je renoue amicalement avec Jérémy. En juin, lui et moi décidons de nous offrir une petite pause détente : un voyage bien mérité au Mexique. Le frère de Jérémy, sa femme, leurs enfants et les nôtres sont également avec nous. L'ambiance est hyper conviviale et familiale. C'est agréable d'être au Club Med. Quinze jours plus tard, c'est l'heure du retour à Bordeaux. Nous rapportons dans nos bagages le plein de soleil et de souvenirs. Mais nous sommes déjà sur le point de repartir. Une semaine plus tard, Jérémy et moi nous envolons vers la Turquie pour faire du repérage de maisons. Jérémy a signé avec le club de foot d'Antalya, l'Antalyaspor Kulübü. Malheureusement, notre relation n'est pas au beau fixe. Il ne cesse de me faire des reproches. Toujours des reproches. Genre, je ne suis pas sincère. Il n'arrive pas à accepter que j'ai eu une relation avec un autre homme. Il ne se sent pas bien. Tout cela le mine et le fait souffrir. C'est la galère !

Nous quittons la Turquie pour nous rendre à Mykonos, en Grèce. L'ambiance est la même : Jérémy n'est pas à l'aise mais au contraire stressé. Je reçois constamment des remarques. Je vois que Bruno regarde mes stories, il est omniprésent bien qu'il soit à des kilomètres. Bref, le voyage n'est pas du tout heureux. Nous rentrons à Bordeaux.

Avec Jérémy, on décide de se donner encore une nouvelle chance. Après tout, qui ne tente rien n'a rien ! Nous visitons un appartement à Suresnes, dans le département des Hauts-de-Seine. Située au sein d'un immeuble en plein centre-ville, l'habitation est composée de trois chambres, d'une petite cuisine, d'une salle à manger et d'un long couloir étroit. L'endroit nous convient : on décide de signer pour une location. Ce jour-là, le soleil du mois de juillet tape fortement, un besoin de fraîcheur se fait ressentir. Jérémy part nous chercher une collation. Pendant ce temps, mon directeur de casting m'apprend qu'il a rendez-vous avec Bruno pour parler d'un projet télé en France. Je pète un plomb et j'appelle directement mon ex :

– Arrête, fous-moi la paix ! Pourquoi tu continues ? Je ne veux pas de toi... Je veux être tranquille.

– Tu es sûre de ce que tu veux faire ? Tu vas prendre un appartement près de Paris... C'est une erreur.

À cet instant, Jérémy revient et me surprend au téléphone. Il fronce les sourcils.

– C'est qui ?

Je reste bouche bée. Jérémy comprend tout de suite que je suis en ligne avec Bruno. Il s'énerve immédiatement et s'en va. Je suis désemparée : il ne veut plus me parler ni me voir et décide de me laisser seule dans l'appartement avec les enfants.

Je me retrouve comme une conne, avec mon chagrin. Je tente inlassablement de le joindre... En vain. Il m'a bloquée partout et je ne peux plus le contacter. Il est très en colère ! Je n'ai plus de nouvelles de lui. Je ne cesse de pleurer. Je ne comprends pas vraiment ce qui m'arrive ! Pourquoi dois-je vivre ce genre d'épreuve ?

Bruno continue de me téléphoner… Il en profite allègrement. Je me dis : « C'est peut-être le destin, il fallait que ça arrive. » Bref, je trouve des raisons de renouer avec Bruno.

Comme chaque année, Bruno part en vacances avec ses amis. Ils ont prévu le lieu longtemps en avance : Mykonos. Hasard, quand tu nous tiens ! Je me greffe à ce grand départ. Retourner dans cet endroit m'embête : je viens d'y aller avec Jérémy. Vis-à-vis du père de mes enfants, je suis très embarrassée. C'est délicat !

Début août, je prends l'avion avec mon amie Tiphanie pour Ibiza. Ensuite, direction Mykonos. Sur place, le paysage est toujours aussi magnifique. Cependant, je fais une découverte qui me laisse sans voix. Nous sommes dans le salon, Bruno se comporte de façon un peu étrange. Il s'en va à l'extérieur de la maison répondre au téléphone. Je le suis et m'approche.

– Avec qui es-tu au téléphone ?

– Euh… C'est mon entraîneur.

Avant d'enchaîner par un « Je te rappelle, je te rappelle » à son interlocuteur.

– Ton entraîneur ? Maintenant ? Alors que tu es en vacances ?

– Mais si…

Aussitôt, je lui arrache son téléphone. Je constate que c'est un autre numéro.

– Rappelle ce numéro.

– Non !

– Bruno, rappelle ce numéro immédiatement !

Alors, je lance moi-même l'appel et je tombe directement sur une nana qui semble très étonnée. Nous discutons toutes les deux et elle m'apprend l'impensable : ils se voient régulièrement... Quelques jours auparavant, elle était encore avec lui. Elle pensait que notre relation était terminée. Je suis choquée, je veux que Bruno s'explique.

– Pourquoi ne m'en as-tu pas parlé ? Pourquoi ne lui as-tu pas avoué avant de reprendre avec moi ? Comment veux-tu créer un climat de confiance ? Ce n'est pas possible !

Quand nous nous sommes séparés, il jouait le garçon hyper triste. La réalité est différente : il fréquente plusieurs nanas, dont cette femme, depuis des années. Il trompait aussi son ex-copine avec elle. Vulgairement, c'est son plan cul ! Je prends conscience que le mec a joué le malheureux uniquement pour me récupérer.

Je suis grave énervée... Je ne me sens pas bien : j'ai mal au dos et j'ai la gerbe. Une copine, Karima, venue m'accompagner, doit repartir... Du coup, je me retrouve seule avec eux. J'en suis malade. J'ai l'impression qu'un poignard transperce mon cœur en permanence. Ma confiance envers Bruno est éteinte. Il essaie de rattraper la situation.

– Pardon, ma chérie, je t'aime ! Mais comprends-moi : je ne pouvais pas lui expliquer le contexte comme ça. Tout est arrivé si rapidement.

C'est le problème de Bruno : il n'est jamais ni clair ni sincère.

La nuit venue, l'Italien tente encore et encore d'apaiser le climat. Il s'endort. Je quitte la chambre, je prends son téléphone et je fouille dedans. Je me rends compte qu'il discute dans mon dos depuis plus d'un an avec une autre nana, une Française fan de moi. En déroulant le fil de la conversation, je découvre qu'il lui raconte toutes nos histoires. J'apprends que c'est elle qui m'a écrit avec de faux comptes, tout comme elle m'a fait livrer des fleurs avec son propre argent. Je réalise à quel point Bruno est taré. Dans le silence de la nuit, je suis paumée. Il lui a envoyé des photos avec moi et lui a détaillé toutes nos embrouilles. Il surnomme cette nana « Mon ange gardien ». Elle doit avoir une quarantaine d'années. Il discute avec elle constamment. Je suis atterrée quand je lis des phrases du style : « Émilie, c'est qu'une salope, elle est partie avec Jérémy. Elle me l'a encore fait à l'envers. » À chaque critique, je suis bien évidemment la garce dans toute cette histoire, la sorcière à achever sur un bûcher. Il se fait passer pour la victime dans cette affaire.

Après, chacun a ses torts, bien sûr. Je suis une maman, avec des responsabilités ; il me plaisait, j'étais amoureuse et j'aimais aussi Jérémy... Tout était compliqué dans ma tête. Mais Bruno balance toute l'histoire à sa sauce. Il m'avait pourtant juré n'avoir jamais parlé mal de moi à qui que ce soit. Le château de cartes s'effondre !

J'écris à cette nana en lui demandant de me téléphoner. Elle refuse ! Hors de question de me laisser faire. S'il faut employer la menace, j'emploierai la menace !

– Je t'ai retrouvée, j'ai ton nom, ton adresse, le nom de ton fils, donc si tu n'appelles pas maintenant, c'est moi qui vais foutre la merde dans ta vie. Tu vas comprendre ce que ça fait d'être de l'autre côté. Je suis gentille, mais lorsqu'on me fait des coups dans le dos, je peux être très méchante.

Elle flippe et me téléphone.

– Mais Émilie, à la base, moi, je t'adore... C'est juste que quelque chose s'est créé entre lui et moi. On parlait de toi, mais sans plus.

– Je veux savoir qui tu es ! Tu connais toute ma vie.

Elle me raconte tout et j'apprends qu'ils ne se sont jamais vus. Leur relation est uniquement virtuelle. Je suis quand même dégoûtée ! Je ne trouve pas les mots. J'en parle également aux amis de Bruno.

– On le connaît depuis qu'il est petit, il nous ment aussi.

Ce mec est complètement à l'ouest, loin de la réalité. Comment avoir confiance ? Je décide alors de le quitter une nouvelle fois... Je ne peux pas m'enliser dans cette relation.

Mais Bruno a plusieurs tours dans son sac.

– Mais, de toute manière, on n'était pas ensemble... À ce moment-là, tu étais avec Jérémy.

Du coup, il me déstabilise encore une fois et me fait douter. Je ne peux pas lui reprocher quelque chose alors que je ne suis pas toute blanche non plus. Je prends sur moi et j'accepte de rester avec lui. Notre histoire redémarre de plus belle. Bruno, le magicien !

Entre-temps, mon papy Dubois est décédé en avril 2017 et mon papy Nef Naf en septembre de la même année. Ils avaient tous les deux 83 ans. Les perdre a été une épreuve douloureuse. Mon papy Nef Naf m'a fait part de deux requêtes avant de partir pour l'au-delà. La première, me remettre avec le père de mes enfants. C'est ce qu'il désirait le plus. La seconde, faire un selfie ensemble sur son lit d'hôpital pour que je garde un souvenir de lui.

Mon contrat chez M6 s'arrête. En septembre, j'en signe un nouveau comme employée au sein de la société Endemol, à Aubervilliers, pour préparer les castings de *Secret Story* ainsi que d'une autre émission, dont je suis à l'origine mais qui ne verra jamais le jour. Mon idée : élaborer une émission sur les femmes de footballeurs. J'ai présenté le concept et j'ai ainsi pu rencontrer les producteurs. Ce fut une chouette expérience bien qu'elle ne soit pas allée au bout.

Je croise régulièrement Jérémy. Depuis le début, nous fêtons les anniversaires de nos enfants ensemble, même si nous sommes séparés. Un jour du mois de novembre, une meuf que j'ai connue sur les réseaux m'envoie un message.

– Truc de dingue ! Devine où et avec qui j'étais toute la nuit ?

– Je ne sais pas.

– Dans un avion, avec Jérémy.

Il arrive à Suresnes sans me prévenir pour l'anniversaire de Maëlla. Je pète un plomb et l'appelle. Il descend tout juste de l'avion.

– Tu viens à Paris, tu ne m'en informes même pas ?

– Mais comment le sais-tu ? Ce n'est pas possible, tu es pire qu'un inspecteur de police.

Jérémy veut simplement faire une surprise à notre fille. C'est mignon de sa part... Cette fois, je me suis énervée un peu trop vite.

J'entretiens toujours une relation avec Bruno. Un jour, lors de nos nombreux échanges, on se dit qu'après toutes ces étapes, on pourrait essayer d'habiter vraiment ensemble et de construire une vie de famille. Lui est ravi, il n'attend que ça. Puis, autour de moi, je vois énormément de couples se séparer... Je me dis : « Ils ont refait leur vie, pourquoi pas moi ? Peut-être faut-il pardonner toutes les erreurs de Bruno et lui donner une chance. »

Parfois, il faut savoir faire table rase du passé pour ensuite être heureux ensemble. Si je n'essaie pas, comment réellement savoir si ça va ou pas. Je souhaite me lancer dans cette aventure.

Début décembre, c'est parti : je retourne vivre en Italie, sur les gondoles de Venise. Je me jette corps et âme dans l'aventure avec Bruno. Il demeure à chaque instant dans ma tête, je suis comme hypnotisée par ce mec. Alors, direction Venise. Ai-je des sentiments ? Ou ai-je simplement besoin d'aller jusqu'au bout de mes rêves ? Un peu des deux probablement. Je suis une nana sincère qui aime foncer tête baissée, sans se retourner, même si je dois me cogner le front contre un mur.

J'informe Jérémy de ma décision :

– Je suis désolée, mais je repars en Italie, précisément à Venise, vivre avec Bruno.

Jérémy se met à rire...

– Je ne suis pas étonné. Je pense que tu es complètement folle et perdue.

Ces mots me blessent, mais peut-être a-t-il raison ? Il finit par accepter, encore une fois, mon choix.

– De toute façon, entre nous deux, c'est terminé et si tu souhaites faire cette folie, je ne peux pas t'en empêcher.

Il sait qu'une personne sous l'emprise de la passion peut être amenée à faire des choses pas cohérentes. Il pense que c'est mon cas. Jérémy m'en veut : il sait éperdument que je suis sous l'influence de Bruno. Et que je veux aller au bout de mon histoire. Il accepte, mais je sens bien que ça l'embête profondément ! Il se dit : « Je la laisse faire dans son délire ! » Il espère secrètement mon retour.

Je quitte la France en voiture, avec mon amie Vanessa, pour me rendre à Venise. Je découvre la maison qui se situe près d'un aéroport. Toutes les deux minutes, volent au-dessus de nos têtes des avions. Ça m'angoisse, moi la phobique métaphysique des avions. La maison est vraiment ancienne, pas du tout à mon goût. Les murs sont jaunes, le carrelage en terre cuite. Je n'aime pas ! Heureusement qu'il y a Venise, si féérique. À mon sens, c'est la plus belle ville du monde. Elle est unique et magique. Je la visite dans tous les coins, je ne m'en lasse pas !

Mes enfants me rejoignent quelques jours plus tard, accompagnés de la nounou. Nous vivons avec le minimum : c'est vraiment une autre vie. Je n'ai pas de taf, pas d'argent, je galère ! Jérémy ne me verse qu'une petite pension... Je peux comprendre qu'il n'ait pas envie de me donner plus. C'est normal compte tenu de tout ce qui s'est passé dernièrement. Nous n'avons plus de contact, uniquement ceux par rapport aux enfants, mais rien de plus.

Bruno s'occupe très bien de Maëlla et de Menzo. C'est aussi un des éléments qui m'a aidé à prendre la décision : Bruno est très complice, gentil et attentionné avec eux. Il s'en occupe vraiment bien. Cela a pesé dans la décision. Il endosse parfaitement son rôle de beau-père. Et, pour la maman célibataire que je suis, c'est capital de me sentir épaulée. Quand je me suis séparée de Jérémy, mon angoisse principale, c'était que personne ne soit à la hauteur avec les enfants ! Et finalement, Bruno fait tout pour y parvenir. Et il y arrive plutôt bien...

21
BUSINESS WOMAN

Arrivée à Venise, je ressens le besoin de me réaliser en tant que femme d'affaires. Et puis, financièrement, c'est la cata... Je n'ai plus rien. J'ai choisi de préférer l'amour au détriment de la raison et des finances. En jetant mon dévolu sur Bruno, je m'installe clairement avec un homme qui gagne moins bien sa vie que Jérémy. Résultat, il ne peut pas m'aider comme peut le faire le père de mes enfants. Je dois me démerder toute seule.

Ma communauté sur Instagram me demande très régulièrement comment j'ai perdu tous mes kilos. Une idée surgit : concevoir mon propre programme minceur. Je l'étale en le couchant sur une feuille blanche. Je raconte comment j'ai éliminé ces kilos superflus. C'est ainsi que commence le récit : « Émilie, comment as-tu perdu du poids ? Je vais vous montrer ! » Avec mes deux grossesses, j'ai pris trente kilos.

J'ai réussi à en perdre vingt-six, le tout avec un minimum de vergetures. Après des cheveux « brûlés » à cause de trop nombreuses colorations, j'arrive à retrouver une tignasse longue, soyeuse et naturelle. Si j'ai pu obtenir ces résultats, c'est grâce à une nouvelle routine incluant des compléments alimentaires garantis naturels et français.

Surplus de poids, perte de cheveux, teint terne... Nous avons toutes et tous des périodes de nos vies qui impactent durement notre corps. Sans le savoir, nous sommes souvent en carence de certaines vitamines et consommons des aliments qui agissent négativement sur notre moral, l'aspect de notre peau, la pousse de nos cheveux ou tout simplement notre poids. On a tous besoin de se réconcilier avec soi-même, de satisfaire des envies en se sentant bien dans sa tête et dans son corps. Alors, il faut se lancer et faire une cure... La mienne, celle de mon concept. Mon programme permet aux femmes d'allier sport et bonne nutrition, comme je l'ai fait auparavant. Il est vrai qu'après ma première grossesse, j'ai totalement modifié mon mode de vie. Résultat ? Une transformation physique, sans oublier un équilibre mental. La force de l'esprit est capitale. Si on se dit « Je suis capable ! », on y arrivera. Et si moi, Émilie, j'y suis parvenue, tout le monde peut y arriver. Je souhaite qu'on trouve dans toutes les cures de la gamme un programme alimentaire et sportif et des gélules pour la durée de son choix. Et que toute personne puisse suivre chacun de mes conseils afin de réaliser ses ambitions. Mon objectif est clairement d'aider chacun en m'appuyant sur ma propre expérience.

La cure minceur, c'est l'association de deux compléments alimentaires faits à base de produits naturels (le starter minceur et le booster brûle-graisse), qui vont permettre d'accélérer la perte de poids de façon immuable. Je veux une cure adaptée aux hommes ou aux femmes qui souhaitent perdre rapidement et efficacement du poids. Il suffit d'adapter la durée de la cure en fonction de ses objectifs. Le but est de rendre possible la perte de trente kilos en six mois.

Une fois le concept écrit noir sur blanc, je contacte un laboratoire français, mais aucune réponse. Je ne désespère pas ! Je ne cherche pas à devenir une femme d'affaires, je pense l'être au fond de moi depuis longtemps. J'ai créé mes salons par le passé. Au travers de ce projet, je n'ai pas pour ambition de démontrer ou de prouver quelque chose. Je suis en galère financière et il faut que je m'en sorte. Je n'ai pas un radis et je suis tributaire de Bruno ou de Jérémy. Je dois me réaliser par moi-même. C'est vital !

Je démarche, j'appelle les labos, mais personne ne me fait confiance : je suis une pauvre petite indépendante et eux produisent pour des clients ayant beaucoup d'argent, comme des grandes marques. Je ne suis personne ! Je leur demande d'y croire. Au départ, ils sont frileux. Je suis obligée de vendre ma voiture dix mille euros pour investir dans ce projet. C'est ma dernière chance... Je mise tout ce que j'ai. Je ne suis pas certaine que ça puisse fonctionner, mais je n'ai pas le choix... C'est tout ou rien !

J'obtiens des rendez-vous qui m'amènent à faire des allers-retours en avion. Je me fais violence : ma phobie, elle, ne s'est pas envolée. Bruno m'aide en gardant mes enfants. En parallèle, sur les réseaux sociaux, je commence à informer que je vais créer ma marque, que je fais des voyages... Je nourris mon Instagram ! C'est important.

Un jour, je prends l'avion à destination de Paris. Une femme charmante se trouve à mes côtés. Pour combattre mes angoisses, je lui parle. Ça m'aide à exorciser ma terreur. Je lui explique que j'ai un rendez-vous pour essayer de vendre mon produit dans une grande émission de télévision, *Téléshopping*. Je dois développer mon concept.

Elle me regarde, l'air intéressé.

– Vous craignez l'avion, mais vous n'avez pas d'inquiétude à créer cette marque. Si j'étais à votre place, j'aurais plus peur de me lancer dans une aventure aussi folle que de simplement prendre l'avion. Vous prenez beaucoup de risques dans ce projet.

Les paroles et la gentillesse de cette dame me rassurent ! C'est mignon.

Alors que je suis chez le coiffeur, je demande à la patronne, qui est mon amie, comment elle a créé sa marque de produits. Elle me file plusieurs coordonnées de fournisseurs. Je tente de les contacter, mais en vain. Jamais de réponse. Déterminée, j'essaye à nouveau plusieurs mois après... J'obtiens enfin une réponse !

Je me déplace à Paris, dans le XVe arrondissement, au siège du laboratoire. Je rencontre le dirigeant et lui explique mon parcours – il ne me connaît pas –, ainsi que mon projet. Je souhaite un produit qui ressemble énormément à ceux que j'avais utilisés durant ma perte de poids. J'explique mes idées. Tout de suite, le concept les séduit. Un bon feeling et une confiance s'installent. Je dois recevoir sous peu de temps un devis de leur part. Ils sont fabricants de plusieurs grandes marques sur le marché international : je suis donc une petite proie pour eux. Nous trouvons un accord et le projet démarre. Je suis super contente, et surtout hyper fière.

Je choisis moi-même le nom, « Le secret », en référence à *Secret Story* et à la question que tout le monde me pose au sujet de ma perte de poids : « Quel est ton secret ? » Puis, j'ajoute « by Émilie Nef Naf ». Je lance le premier produit, baptisé « Le Secret Minceur », le 1er avril 2018. Sur ma publication Instagram, j'annonce : « Oui, ce n'est pas un poisson d'avril, le secret est bien en ligne. »

C'est une folie : ma boîte mail explose, avec quatre cents commandes en une seule journée... C'est complètement dingue. Je suis hyper surprise, je ne m'attendais pas à ce succès. Le ciel me tombe sur la tête... J'en suis évidemment ravie. J'ai tellement été déçue par le passé que j'imagine que je vais encore me casser la figure. Comme je dis : « J'ai l'impression que le malheur a de la chance, mais j'ai plus la sensation que ma chance a de la poisse, car dès qu'il m'arrive quelque chose de positif, ça se casse la gueule... car il y a toujours un problème. »

À la question « Qu'est-ce qu'un entrepreneur ? », je réponds : c'est une personne qui a envie de s'en sortir, qui aime prendre des risques. Tout le monde peut y arriver avec un peu de volonté et d'ambition. Il faut avoir conscience qu'il n'y a pas d'horaire : tu bosses nuit et jour, toujours à fond. Et puis, tu travailles pour toi. Et c'est ça le plus difficile.

Pour que ça fonctionne, le marketing compte beaucoup. De mon côté, je mets en avant le côté sincère, authentique. J'aime être vraie et honnête : si ça ne marche pas, ce n'est pas grave. Je préfère être juste avec les personnes qui commandent mes produits... Ça paie sur le long terme. J'ai toujours visé la loyauté !

Entre-temps, je participe aux *Anges de la téléréalité* à Los Angeles. Le vol de Venise à Los Angeles est long. Je passe plusieurs heures sans dormir avec cette angoisse permanente ficelée au ventre. L'épreuve est difficile !

Pendant le tournage, je me retrouve dans une atmosphère qui n'est pas la mienne. À mon époque, les candidats étaient naturels. De nos jours, ce n'est plus comme avant. Au temps de *Secret Story*, nous participions à ce style d'émission sans savoir comment les journées allaient de dérouler. Nous baignions dans une forme d'innocence, si j'ose dire. Les réseaux sociaux n'avaient pas la même importance qu'aujourd'hui. On ne pouvait pas imaginer que l'on serait connu en sortant de *Secret Story*. Personne ne jouait un rôle en essayant de se faire remarquer ou d'être drôle. Nous étions nous-mêmes, sans chercher à nous inventer un personnage ! Maintenant, c'est différent : quelqu'un qui participe à une téléréalité sait qu'il va gagner des followers. Il sera là pour être *famous,* pour figurer dans des articles, pour être le plus possible sur les plateaux télé. Le candidat d'aujourd'hui calcule tout ! Les jeunes voient ceux de la téléréalité réussir, gagner de l'argent, s'acheter des voitures, des villas, vivre à Dubaï... Ça génère des idées. Ils veulent se donner un rôle pour ressembler à d'autres et pouvoir ainsi passer à la télévision, devenir populaires, faire du placement de produits et gagner de l'argent facilement. Mais ce n'est pas si simple. Il faut avoir quelque chose en plus pour se démarquer. Dans *Les Anges de la téléréalité,* je me sens différente des autres candidats. Peut-être est-ce la différence d'âge... Ils ont tous une vingtaine d'années. Je suis arrivée en fin de tournage, les clans étaient déjà liés et n'arrêtaient pas de se disputer. Ce n'est pas mon univers, c'est un autre monde. En plus, avec le décalage horaire, je suis épuisée, je m'endors très rapidement. Je ne suis pas à mon aise et ça se voit. J'écourte le séjour. Au bout de quatre jours, je reviens en Italie.

Dans ma vie amoureuse, les premiers moments de vie commune avec Bruno sont positifs. Mais je ne le sens toujours pas clair, il est souvent absent et me laisse toute seule à Venise. Il part régulièrement à Milan. Je ne peux pas l'accompagner : j'ai les enfants. Je commence à me sentir mal. Je n'ai pas confiance. Je scrute encore ses messages dans son téléphone et je tombe sur des conversations avec des copains à lui : il parle de nanas. Ça me soûle ! Je ne sais pas si je suis trop jalouse ou si c'est lui qui fait n'importe quoi. Une galère !

Les mois passent, je ne me sens pas à ma place... Je ne suis pas moi-même. Je n'en peux plus de parler une langue qui n'est pas la mienne. Je ne me sens pas dans mon monde. Avec Bruno, les incompréhensions s'enchaînent et nous ne sommes pas d'accord sur plusieurs sujets importants. Il est hyper pointilleux sur le rangement. Le sel doit être parfaitement à sa place, le poivre dans la lignée du sel. Rien ne doit dépasser. Quand on range la vaisselle, tout doit être ordonné. Moi, je suis tout le contraire : très bordélique. Je suis comme une artiste... Je suis à l'opposé de lui.

Dès qu'une nana participe à une téléréalité, il la recherche sur Instagram. Je constate aussi qu'il a encore des contacts avec son ex... En cachette, bien évidemment. Tout cela me rend dingue et m'épuise... Je consulte un médecin : j'ai la sensation d'avoir une douleur au cœur. Ce dernier m'apprend que c'est uniquement dû au stress. Je prends alors conscience que rien ne va. Le docteur me conseille de participer à une thérapie de couple avec Bruno : il me prescrit une ordonnance pour consulter une psychologue.

Rendez-vous pris, Bruno m'accompagne. Au bout de quelques séances, la psychologue demande à me voir seule. Elle me pose des questions et j'en reviens tout le temps à

Jérémy. Ça me met encore plus dans le doute : le problème que je rencontre, ce n'est pas avec Bruno mais avec Jérémy. Du coup, ça me conforte réellement dans mon envie de quitter Bruno. Je franchis le pas.

– Cette fois, je te quitte vraiment, et pour toujours. Tu me rends malade ! Tu ne me rends pas du tout heureuse. Tu es parfait, mais pas pour moi...

Avec lui, j'ai l'impression de vivre un amour malade. J'ai fouillé dans son ordinateur. Je suis très suspicieuse et je sens qu'il me ment. Nous, les nanas, quand on veut trouver quelque chose, on cherche et on trouve. Sur les disques durs qu'il a conservés, je tombe sur des photos intimes de lui et son ex, et d'autres clichés avec d'autres femmes. Quand on s'était séparés, il avait gardé mes meubles, dont mon lit et mon canapé. Il m'avait promis que personne n'était entré chez lui. Et je retrouve des photos de nanas nues sur mon canapé. Quelle ordure !

Je pète un câble : je lui balance ma pizza dans la gueule, je jette une chaise sur sa voiture... Je suis dans un état second, remplie de colère. Je veux le défoncer, l'anéantir. En voyant mon attitude, comme ce n'est pas un mec de conflit, il se barre. Je suis encore plus vénère... Quel lâche, incapable d'affronter sa réalité. Je le hais ! Il part dormir dans un Airbnb. Moi, je poste une publication sur Instagram : « Y'a des gens, tu te rends compte plus tard qu'il fallait les éviter dès le départ ! » Et je le tague !

Je reste habiter à Venise, les enfants sont à l'école et je ne souhaite pas les déstabiliser. Je fais ma life, je sors, je m'amuse... Je rencontre même un homme avec lequel je m'entends bien. On passe du bon temps ! Bruno dégoupille. Il n'accepte pas que je le quitte. Il veut me voir avant que je déménage définitivement. Il me fait une déclaration en pleurant.

– Je suis désolé, je voulais qu'on soit une famille. Tu ne m'as jamais fait confiance.

Il est tellement triste ! Je résiste en me disant : « Non, tu n'es pas bien avec lui... Tu ne peux pas vivre comme ça, même si c'est toi qui as fait une erreur. Tu es malade avec lui. » Ça se termine entre nous, nous sommes en avril 2018...

Un mois plus tard, j'appelle Jérémy en Facetime pour qu'il puisse voir nos enfants.

– Tu n'es pas avec ton mec ?

– On s'est disputés !

– Mais tu t'inventes des vies... Tu as voulu essayer, maintenant tu vois.

Je comprends que Jérémy me laisse le choix de revenir vers lui ou pas.

Au mois de juin, avec Jérémy et les enfants, on part passer quelques jours en Espagne. Ça fait du bien ! Ensuite, je retourne en Italie pour récupérer mes affaires et m'occuper réellement de mon déménagement.

Un jour du mois de juillet, Jérémy m'appelle en Facetime, il pleure et m'explique s'être fait une rupture du ligament croisé d'un genou, la pire blessure pour un footballeur.

Pendant plus de six mois, il ne pourra plus jouer. J'ai mal au cœur pour lui.

– Je vais prendre un avion pour Monaco afin de me faire opérer.

Je décide de le rejoindre. Du jour au lendemain, j'organise mon départ. Il n'y a pas de vol direct. Je prends un train jusqu'à Aix-en-Provence, puis un chauffeur m'emmène jusqu'à Monaco. Je reste dormir avec lui à l'hôpital. Et on regarde ensemble la finale de la Coupe du monde de football, France-Croatie, le 15 juillet 2018.

Pour sa convalescence, Jérémy et moi décidons de louer une grande villa avec piscine dans le sud de la France. Le lieu est parfait pour se reposer. Je suis à ses côtés pour m'occuper de lui… et de sa jambe. Il a très mal, ne se sent pas bien et n'arrive pas à dormir. Pour ne pas m'embêter, il reste à sommeiller dans le canapé. Il chope un staphylocoque doré et doit retourner à l'hôpital. Nous restons à Monaco jusqu'à début septembre…

Fort du succès de mon entreprise, en septembre 2018, je commercialise d'autres produits, comme « Le secret brûle-graisse ». Après un régime satisfaisant en termes de résultat, certains se laissent un peu aller. C'est clairement une mauvaise idée : c'est l'effet yo-yo garanti ! Afin d'éviter cette problématique, je propose d'utiliser le brûle-graisse, un complément alimentaire à base de plantes permettant de stabiliser son poids, mais aussi d'améliorer son métabolisme. Dans ce produit figure du thé vert, un brûle-graisse naturel recommandé par de nombreux diététiciens ; du guarana, un arbuste originaire d'Amazonie très concentré en caféine ; de la choline, un nutriment faisant partie des vitamines B, essentielles au fonctionnement du foie et des reins, et également un excellent brûleur de graisse naturel ; et du chrome, un oligo-élément qui permet de maintenir un taux de sucre normal dans le sang.

Dans la foulée, je lance « La cure perte de poids express ». Une méthode idéale après une petite période de laisser-aller. Cette cure permet de réguler la sensation de faim et contribue à la perte de poids. La base de ce programme, c'est le konjac, la star des rayons diététiques, qui permet d'avoir la perception d'être gavé sans prendre de calories ! La cure est destinée à toutes celles et tous ceux qui ressentent le désir de retrouver un corps sain après une période d'excès. La cure peut être de cinq, dix ou quinze jours, en fonction de la personne et de son besoin !

Je mets aussi en place « Le secret anti-vergetures ». Bien qu'on accepte de plus en plus les marques sur nos corps, comme les vergetures, certaines peuvent être disgracieuses. Ça a été mon cas à la suite de ma première grossesse ! Utilisé en traitement ou en prévention, ce soin aide à la fois à prévenir l'apparition des vergetures et à réduire efficacement celles déjà existantes. Les vergetures sont des traumatismes cutanés accompagnant les bouleversements hormonaux des grandes étapes de la vie : puberté et grossesse en sont les causes principales. Mais pour certains hommes également, elles peuvent se révéler à la suite d'une période de musculation intensive, à cause d'un surpoids ou tout simplement à l'adolescence.

Je sors aussi « Le secret Bear » en mettant en avant ce slogan super accrocheur : « N'oublie pas de prendre soin de la personne avec laquelle tu vas passer le plus de temps dans ta vie : toi ! » Sous la forme de bonbons saveur cerise, framboise ou cola, ces produits à base de vitamines 100 % naturelles aident à prendre soin de la peau, des cheveux, des ongles, de la barbe... Bref, une cure fruitée à base d'acide hyaluronique, sans graisse animale, ni lactose, ni gluten, pour un résultat rapide et très visible. Ce complément alimentaire prend la forme d'un ourson. Grâce à sa formule naturelle et innovante, il est possible d'améliorer rapidement la pousse des cheveux qui seront plus forts, plus doux, plus longs et plus brillants en moins d'un mois. Les ongles aussi vont bénéficier de ce renforcement ! Grâce à la présence de vitamines A, B et E, l'énergie s'améliore sensiblement, le tout en consommant des petits bonbons délicieux ! « Le secret Bear » s'adresse à toutes celles qui, comme moi, ont souffert des colorations et/ou des effets de la chaleur sur leurs cheveux et qui souhaitent retrouver une chevelure soyeuse et naturelle. Mais aussi à celles qui veulent simplement accélérer la pousse de leurs jolis cheveux !

En pensant aux futures mamans, je crée « Le secret grossesse ». On y trouve un complément alimentaire qui prend la forme d'un ourson-bonbon au goût cola ! Créées à base de vitamines et minéraux, avec une prédominance de vitamine B9 (indispensable durant la grossesse), ces gummies agissent sur la croissance des tissus maternels et aident la future maman à vivre sa grossesse plus sereinement, tout en ayant tous les apports nutritionnels nécessaires à sa bonne santé et à celle de son bébé, l'ensemble de façon 100 % naturelle.

Enfin, pour les amoureux du soleil et de l'été comme moi, j'innove avec « La box soleil et minceur ». Perdre du poids et bronzer, les deux grands objectifs qu'on se fixe l'été, c'est possible ! Mais il n'est pas toujours facile d'obtenir un résultat à la hauteur de ses attentes, surtout lorsqu'on veut être fine et bronzée avant même d'avoir mis un pied sur la plage. Eh oui, je sais, je vivais ce stress chaque année... C'est pourquoi j'ai composé cette box. On y trouve une cure minceur de deux mois, une cure bronzage d'une durée d'un mois, une crème anti-vergetures ainsi qu'un bandeau « Le secret ». Elle est destinée aux stressés de l'été, ceux et celles qui veulent se donner un petit coup de boost avant de se dévoiler à la plage ou à la piscine.

Depuis, une dizaine de gammes ont vu le jour et fonctionnent parfaitement. Ma communauté en est ravie et en redemande constamment. Ce sont des produits vrais et authentiques, c'est ce qui fait sûrement leur succès.

Je me diversifie dans le stylisme en mettant en place des vêtements et des accessoires pratiques lorsqu'on démarre une véritable transformation physique. Je lance un article indispensable aux nanas pour le sport : le legging ! Il n'est pas facile d'en trouver à un bon rapport qualité/prix. Maintien, matière, ajustement : j'ai toujours eu du mal à trouver celui qu'il me fallait, c'est pourquoi j'ai conçu le legging qui coche toutes les cases. Aussi, il est essentiel d'avoir un bandeau, très pratique pour libérer le visage au cours d'un soin, d'un nettoyage de la peau ou d'une session makeup. Porté autour des cheveux, encerclant la tête, il permet de maintenir toute la tignasse en arrière et de laisser la figure complètement dégagée.

La marque « Le secret », c'est le reflet de mon aventure en tant que femme, mais également comme mère. Pour démarrer, je travaille de chez moi. Je prépare les colis pour les envoyer par La Poste. Ça demande du temps et une sacrée organisation.

Je suis contente : ça fonctionne ! Je suis déclarée auto-entrepreneuse, mais, rapidement, je dépasse le plafond. Je dois créer une société... Je loue un bureau à Marcq-en-Barœul. Très vite, je ne peux plus tout assumer seule, j'embauche une personne qui m'aide à mettre en place les colis, à manager la marque et à assurer le SAV. On s'installe ensuite dans un second bureau, beaucoup plus grand, puis un troisième et un quatrième. Ça en fait des déménagements !

Aujourd'hui, nous sommes installés dans un nouveau lieu faisant plus de cent douze mètres carrés. Ma structure emploie trois salariés, plus des intervenants externes. Je gère mon équipe à distance : nous faisons des points téléphoniques chaque jour. Je m'occupe des relations avec les fournisseurs, du marketing. Je publie les posts sur les réseaux sociaux pour la promotion. J'apporte énormément d'idées qui me viennent à l'esprit. J'aime l'innovation. Je cherche de nouveaux produits... Bref, je passe du temps à développer ma marque.

Je dois tout organiser : ma vie de femme d'affaires, de maman, de compagne, d'influenceuse... C'est hyper compliqué. À cela, il faut aussi ajouter que je tourne une émission de télévision, *Mamans et célèbres*. Une journée de vingt-quatre heures n'est pas suffisante pour tout contrôler, gérer et pour donner le meilleur de moi-même. Je n'aime pas déléguer, je veux tout maîtriser... C'est peut-être mon défaut, mais j'ai été trop déçue dans le passé. Je suis un peu partout à la fois et c'est difficile... Je deviens vite fatiguée, stressée... et parfois chiante !

22
LE MONDE D'INSTAGRAM

Sur Instagram, il y a deux solutions. Soit vous êtes hyper connu des médias et, du coup, vous êtes suivi parce qu'on veut en savoir plus sur votre vie privée. Ça n'a pas trop de mérite puisque ce sont les médias qui vous poussent à devenir populaire sur les réseaux. Soit vous avez un véritable « truc » que les gens adorent, comme donner des conseils pour faire du sport, pour cuisiner, etc. Ils vont alors vous suivre uniquement par intérêt. Il y a toujours un côté pervers : être suivi ne veut pas forcément dire populaire.

Sur Instagram, les personnes en vogue ne le sont pas nécessairement dans la vraie vie. Certes, par effet domino, elles le deviennent, mais c'est différent. C'est toute la problématique de cette application. Certains artistes n'ont pas beaucoup de followers tandis que des people de téléréalité en ont des centaines de milliers. Les followers ne définissent absolument pas un individu. Tout le monde pense qu'on est heureux lorsque l'on est populaire sur Instagram. La réalité est différente... Prenons l'exemple de Lele Pons, hyper active sur les réseaux et méga suivie avec plus de quarante-trois millions d'abonnés. Elle est pourtant atteinte du syndrome de Tourette. Elle n'en parle jamais et impossible de s'en rendre compte quand elle se filme. Elle dévoile uniquement les bons moments de sa vie. Mais c'est un véritable cauchemar pour elle.

Avoir dix mille ou cent mille suiveurs ne fait pas de nous un être meilleur. Décomplexons-nous de tout cela. Il y a bien plus de gens sur Terre qui n'ont pas de followers que le contraire. On peut être hyper gentil, hyper drôle, avoir beaucoup de talent sans compter de followers. Il faut gommer cette idée. Derrière un compte très suivi peut se cacher quelqu'un de très mauvais. J'insiste, il faut arrêter de complexer là-dessus.

Jamais des followers ne caractérisent qui tu es. Ça détermine juste combien d'individus te scrutent, c'est tout ! Certains artistes vendent énormément de disques, ont un talent musical énorme et n'ont pas beaucoup de followers. Tu ne te sentiras pas mieux si tu as des milliers d'abonnés.

Beaucoup cherchent à devenir célèbres sur les réseaux et, par conséquent, pensent exister à travers cela. La vraie vie, ce n'est pas ça. Il faut surtout être une bonne personne avec sa famille et son entourage. Si vous avez des followers, tant mieux pour vous. Si ce n'est pas le cas, ce n'est pas grave, ce n'est pas important. Je n'ai pas que des amis avec des followers. Tout comme j'ai des potes qui n'ont pas Instagram et qui sont extraordinaires. Et pour rien au monde, je n'aurais envie qu'ils étalent leur quotidien sur Instagram.

Ce n'est pas une victoire d'avoir des abonnés. J'ai beaucoup trop d'attaches aux valeurs de la vie pour ne penser qu'à développer mon Instagram. Je préfère délaisser une partie des réseaux, et si ça fonctionne tout seul, tant mieux. Mais être suivie n'est pas un objectif en soi.

Je ne veux vivre ni pour Instagram ni pour la télévision. Je privilégie ma vraie réalité, celle dans laquelle je n'ai pas le temps de tout filmer ni de sortir mon téléphone pour faire exister chaque moment. Parce que je ne vois pas comment – sauf à être suivi par un caméraman vingt-quatre heures sur vingt-quatre et à avoir des caméras dans sa maison –, on peut capturer tous les instants merveilleux de notre vie avec un combiné à la main, entrer dans l'application, appuyer sur le bouton « Play » et faire un montage. À mon sens, il est difficile de s'épanouir ainsi. Je peux me permettre d'en parler : c'est mon quotidien.

Je n'aime pas tout étaler ! Si aujourd'hui j'écris un livre et si j'ai du mal à me rappeler de certaines périodes de mon existence, c'est parce qu'elles ne sont pas postées sur les réseaux. Ce sont des moments que j'ai affrontés toute seule, moi-même face à mes propres problèmes. Je ne les ai pas étalés à des milliers d'inconnus prêts à me juger ou à me soutenir. Je ne cherche du réconfort qu'auprès de ceux que j'aime. Cela dit, parfois, je reçois des messages d'inconnus et c'est juste trop mignon. Mais il y a aussi un tas de connards qui balancent des trucs dégueulasses et ça, c'est moins agréable. Psychologiquement, je ne supporte pas, ça me fait du mal. C'est l'envers du décor des réseaux ! Du coup, je préfère me préserver. Je suis célèbre malgré moi. Je n'ai jamais cherché à être une meuf hyper *famous*... Ce n'est pas mon délire. Je ne vis pas pour ça, je suis une fille simple.

Je suis active aujourd'hui sur les réseaux car c'est devenu mon travail, mais ce n'est pas quelque chose que j'aime à la folie. Ça me plairait d'être anonyme sans que personne ne cherche à savoir qui je suis... Et ça m'aurait évité bien des problèmes. J'aurais voulu être une meuf normale : aucune personne pour suivre ma vie. J'aurais adoré !

Je ne suis pas prise au piège non plus : j'en ai joué, j'en profite et je suis bien contente. Je ne le vis pas mal. Mais je ne l'ai pas cherché, ça m'est tombé dessus. Je ne fais pas tout pour devenir célèbre. Je ne fais pas toutes les émissions qu'on me propose. Je reste dans mes idées, et si ça ne fonctionne pas, ce n'est pas grave. Je ne figure pas dans des clips juste pour passer à la télé. Je refuse certaines propositions, même si ça va me desservir, tant pis pour moi. Ce que je fais, je le fais toujours avec le cœur et non par intérêt.

Petite, je voulais faire de grandes choses. Aujourd'hui, je vis la vie dont j'ai envie. Mais on n'écrit pas son devenir. C'est la conséquence de nos actes ! La destinée, c'est nous-mêmes. J'ai eu des chances et des opportunités, sûrement plus que d'autres, mais je peux dire que le résultat de mon existence dépend des choix que j'ai faits.

Sur les réseaux, je semble hyper sûre de moi, sexy et glamour, alors que c'est tout le contraire : je suis assez timide, réservée et introvertie. Ça peut paraître fou, mais c'est la réalité.

Je ne ferai jamais semblant d'être une autre personne ou de vivre une situation uniquement pour la télé ou pour les réseaux... Je suis très loin d'être comme ça. Je ne considère pas ce domaine comme mon métier principal. Mon activité première, c'est gérante de société. *Famous* ou non, peu importe ! Ce dont j'aurais vraiment rêvé, c'est d'être une femme d'affaires anonyme qui fait sa life sans qu'on ait besoin d'être au courant de sa vie. Ce que j'aime, c'est rencontrer des gens qui ne me connaissent pas, comme à l'étranger : personne ne sait qui je suis et c'est trop cool. Ils m'aiment pour ce que je suis.

Instagram est devenu mon lieu de travail : il est constamment avec moi, vingt-quatre heures sur vingt-quatre et sept jours sur sept ! J'essaye d'être la plus active possible et de partager le maximum de choses avec ma communauté : j'ai envie d'être proche de mes followers et d'écouter ce qu'ils me disent.

J'ai très rapidement compris les techniques d'Instagram, comment ça fonctionne. Ça s'est fait naturellement. Les gens aiment que je leur raconte ma life à travers des vidéos tout au long de la journée. J'aime capturer de belles photos et les plus jolis moments. J'essaie toujours de sortir mon téléphone à l'improviste : rien n'est planifié, tout se fait de façon instinctive... Du moins, en ce qui concerne mon Insta personnel. Rien n'est réfléchi... Je retouche un peu les lumières des photos et je les choisis en fonction de ce que j'ai publié auparavant. Ça reste quand même naturel.

Lorsque le nombre d'abonnés augmente, ça se voit direct, mais ça évolue de manière progressive. J'en gagne et j'en perds. C'est comme la loterie : on ne peut jamais savoir ce qui va se passer. Quand ça augmente, je ne m'en rends pas compte. Bien sûr, ça me fait plaisir, je me dis que les gens ont envie de me suivre et c'est cool. Ils veulent connaître ma vie et ce que je leur montre leur plaît.

J'ai plusieurs comptes Instagram à gérer : celui de ma marque de vêtements, mon perso, mon professionnel, français et italien. Cela demande beaucoup de travail, j'essaie d'être la plus réactive possible, de répondre au maximum de messages, de modérer les commentaires, de trouver des visuels. Quand je fais des photos ou des vidéos, je prends soin de mettre des filtres ; pour les vidéos, je fais des montages.

Il faut consacrer beaucoup d'énergie à Instagram. J'y pense tout le temps, nuit et jour... au point que ça me bouffe le cerveau. Comme il n'y a pas d'horaire, je reçois des messages à n'importe quel moment. Quand des milliers d'abonnés m'écrivent en même temps, difficile de répondre à tous.

Mon Insta pro, je l'ai toujours géré seule pour les contenus et les montages. Je raconte mes expériences professionnelles et je montre l'efficacité des produits que je vends. Depuis un certain temps, c'est devenu beaucoup plus professionnel : mon business a pris beaucoup plus d'ampleur. J'ai embauché une personne qui réalise des visuels – toujours à partir de mes idées – plus pros. Elle fait les posts, car impossible de gérer tous mes comptes toute seule. Les publications sont prévues en amont. Nous établissons un planning et je choisis les posts à l'avance.

J'ai commencé très tard à accepter de faire de la publicité pour d'autres entreprises sur mes réseaux ! Je choisis tous mes posts, je suis très difficile : je ne collabore qu'avec des marques compatibles avec mes idées. Je vérifie tout avant d'accepter de faire un post. Je regarde leur fonctionnement et leur manière de communiquer. Là-dessus, je suis vraiment très relou. Étant moi-même cheffe de société, j'ai un e-commerce : je sais comment ça marche. Donc, avant d'accepter et de promouvoir une marque – peu importe laquelle –, je vérifie si c'est sérieux : je ne veux pas faire la publicité d'une escroquerie, d'un faux compte ou d'un faux site Internet. Je suis très méticuleuse sur ce point. J'ai déjà entendu pas mal de gens se plaindre d'arnaques, de sites frauduleux, etc. Je fais très attention ! Je ne suis pas du genre à soutenir tous les produits : j'ai besoin de tester pour valider. D'ailleurs, c'est pour cette raison que j'établis peu de partenariats, car, évidemment, toutes les entreprises ne fonctionnent pas comme je le souhaite. En général, je fais trois ou quatre posts par mois, alors que les autres influenceuses sont plutôt à trente-quarante par jour.

Je peux gagner de l'argent avec les entreprises qui souhaitent placer leurs produits. Un post est synonyme de gain financier. Contrairement aux autres influenceuses, je ne gagne pas énormément de fric avec mes posts parce que ce n'est pas mon objectif. Je préfère gagner un petit peu sur du long terme que beaucoup tout de suite. Je privilégie mon business même si je dois gagner moins d'argent, faire moins de télévision... Je veux créer un vrai empire et cela demande du temps et de la concentration.

Je vis aisément avec pas grand-chose. Je n'ai pas besoin de beaucoup d'argent pour être heureuse. Et même quand j'en ai eu beaucoup, je n'ai jamais fait de folies et n'ai jamais mené un train de vie luxueux. Ça ne m'intéresse pas ! Je me contente de très peu de choses. Je m'offre rarement des vêtements de luxe. J'ai eu un délire d'achats de sacs de marque lorsque j'étais jeune, mais plus maintenant. Je ne vois pas ce que j'en ferais. Ce qui compte, c'est mon équilibre mental : je préfère vivre avec moins et ne pas faire la promotion de produits auxquels je ne crois pas du tout.

23
LE MEXIQUE

En septembre 2018, je m'envole pour le Mexique, où joue désormais Jérémy, avec Menzo et Maëlla.

Mexico se situe à 2 250 mètres d'attitude en moyenne, je ne suis pas l'aise ; j'ai cette impression folle de suffoquer. Je respire péniblement : je vais à l'hôpital. L'équipe soignante me met sous oxygène. Le début est difficile. Mexico est une des villes les plus polluées du monde. Entre l'attitude et la pollution, mon corps rame pour s'adapter.

J'inscris les enfants à l'école française de Mexico. Le directeur me dit :

– Fais attention, ne prenez jamais de taxi, il en existe des faux. Ils vous mettent un flingue sur la tête et vous emmènent dans les favélas. Ensuite, ils appellent votre famille en ordonnant d'établir des virements, sinon ils tuent la personne kidnappée. Et même une fois le transfert effectué, la victime est souvent éliminée.

Je ne suis absolument pas rassurée. Du coup, lorsque je conduis, je panique à chaque instant : j'ai peur d'être suivie et qu'on enlève mes enfants. J'apprends à Maëlla et à Menzo à fermer la portière à clé, à attacher la ceinture de sécurité. Si une personne extérieure tente d'entrer dans le véhicule, il ne faut surtout pas sortir, j'accélèrerai. Je ne me sens absolument pas en sécurité dans cette ville. C'est difficile !

Un an plus tôt, le 19 septembre, s'est produit un gigantesque séisme d'une magnitude de 7,1 sur l'échelle de Richter avec un bilan de trois cent trente et un décès. Une trentaine d'enfants ont été portés disparus à la suite de l'effondrement d'une école. Terrible ! Cette catastrophe a eu lieu exactement trente-deux ans après le tremblement de terre de 1985, qui avait alors tué dix mille personnes au Mexique. Je suis inquiète. À l'établissement scolaire, les enfants sont entraînés à réagir en cas de tremblement de terre. Je suis présente : je dois apporter des livres. Je regarde tous ces élèves sortir en courant et en criant, s'isoler dans les endroits dédiés en cas de séisme. Je me mets à pleurer en me disant : « Mais c'est horrible ! » J'ai peur... Je suis anxieuse de laisser vivre mes enfants dans ce pays.

Nous habitons dans une villa protégée par deux gardiens. Chacun son tour, ils surveillent la maison, nuit et jour. Eux seuls ont la clé ! Pour entrer chez nous, je dois passer automatiquement par l'un des deux hommes afin qu'ils nous ouvrent. C'est la coutume au Mexique : au moindre problème de vol ou de cambriolage, les autorités savent d'où ça peut venir. Au Mexique, il y a tellement de corruption qu'on peut uniquement faire confiance à une ou deux personnes.

Chaque seconde, j'ai l'impression que quelque chose de dramatique peut arriver dans cette ville. Ça devient flippant ! Toute cette ambiance n'arrange pas la situation. Des tensions sont palpables entre Jérémy et moi. Je tombe sur des photos postées sur les réseaux et je constate qu'il a eu une relation avec une Française peu de temps avant. Je brûle de jalousie... Une dispute éclate.

– De toute façon, je n'étais pas avec toi à ce moment-là.

– Oui, mais quand même...

Il a raison, nous n'étions plus ensemble à cette période. Je fais une crise, je suis trop ancrée dans mon délire de femme exclusive.

– J'ai voulu que tu viennes avec moi ici juste pour me venger par rapport à ce qui s'est passé auparavant. Rentre chez toi ! Retourne à Lille près de ta mère !

Ces dernières paroles me font mal... Je les reçois comme une gifle. Je décide de me barrer dans un hôtel. En parallèle, je suis à bout pour plusieurs raisons : la ville est angoissante, mon travail m'accapare constamment... et ces photos de nanas ont été la goutte d'eau qui a fait déborder le vase.

J'appelle mon amie Tiphanie.

– Viens me voir s'il te plaît, je me suis disputée avec Jérémy.

– Mais j'arrive juste à Nantes.

– Allez, vraiment, j'ai besoin que tu viennes, je ne suis pas bien. Je te prends un billet.

– Bon, d'accord !

Elle débarque à 4 heures du matin à l'aéroport de Mexico. Je décide d'emprunter la belle Mercedes du chauffeur de Jérémy, que celui-ci m'a prêtée, pour aller la chercher. J'arrive à un feu. À l'identique des États-Unis, les feux sont de l'autre côté de la route. Au sol, une bande blanche est tracée, tu ne dois pas la dépasser. À cette heure-ci, avec la fatigue, je ne fais pas attention et je mords la ligne. À cet instant, un mec vêtu d'un gilet pare-balles et muni d'une radio s'approche sur ma gauche. Il me parle en espagnol.

– Ouvre ta fenêtre.

La rue est déserte, seules deux voitures sont stationnées mais inoccupées. Du regard, je cherche désespérément d'autres personnes, mais en vain. Je suis seule face à ce policier mexicain dans le cœur de la nuit.

– Tu ne vois pas que tu es sur la ligne ?

– Ben... Je recule et c'est bon. Il n'y a personne.

– Non, ici, c'est un carrefour, c'est très dangereux... Tu ne dois pas mordre sur la ligne. Gare-toi sur le côté !

– Mais pourquoi ?

– Gare-toi !

Je m'exécute, je n'ai pas vraiment le choix. Je baisse un peu la vitre.

– Éteins ton moteur !

J'ai mon portable à la main, essayant d'appeler discrètement quelqu'un.

– Éteins ton téléphone !

– Ben non... Pourquoi ?

– Donne-moi les papiers de la voiture.

– Je ne les ai pas, c'est le véhicule d'une autre personne.

– On va au commissariat.

Mon cœur s'accélère... Je commence à paniquer. J'ai entendu des histoires de faux flics corrompus qui violaient des étrangères. Je me dis : « Tu es dans la merde, Émilie. » Je tremble en me disant qu'il va m'arriver un sale truc. Je ne suis pas bien. Je prends mon courage à deux mains.

– Écoute, je suis ici car mon mari est venu y travailler. J'ai deux enfants et j'ai une carte de résidente.

La veille, je l'ai reçue d'un des dirigeants de Mexico City. Je lui montre ma carte.

– Les personnes à Mexico savent très bien qui je suis et que j'existe !

– Ah ouais... Ben, d'accord ! Tu as consommé de l'alcool ?

– Non !

Il parle dans sa radio en donnant mon nom. Je remarque qu'elle n'est pas allumée. Il fait semblant. Mon adrénaline monte en puissance. J'ai l'impression d'être dans un mauvais film. Je tente le tout pour le tout.

– Que veux-tu ?

– On peut s'arranger entre nous.

– C'est-à-dire ?

– Tu me files quelque chose et je te laisse tranquille.

Je suis dans une rue déserte, en pleine nuit, avec ce mec qui me demande de l'oseille.

– Viens, il y a une banque à trente mètres. Je t'accompagne.

Je sors de mon véhicule, angoissée comme jamais. Je me dirige vers la banque, lui à mes côtés. Je n'ai qu'une envie : chialer. Je me retiens... Mon cœur ne cesse de battre à mille à l'heure. Il va exploser ! Je tremble. J'insère ma carte dans le distributeur. Je retire l'équivalent de cinq cents euros. Dans l'affolement, j'oublie de reprendre ma carte, qui se fait avaler.

Pendant ce temps, le mec fume sa clope en me regardant. Je lui donne les billets.

– Je te raccompagne.

– Non, ça ira.

– Si, si...

Il ne va jamais me laisser tranquille...

Au bout d'un moment, il me laisse partir. Je suis rassurée. Je téléphone à ma copine, qui m'attend à l'aéroport, et je lui demande de me rejoindre directement.

Je fais mes bagages, ceux des enfants et direction l'aéroport pour nous envoler à Cancún. C'est la première fois que j'entre dans un avion sans angoisse tellement j'ai hâte de quitter cette ville. Je suis en kiff total lorsque nous décollons, comme si je me débarrassais d'un poids... Mexico n'est vraiment pas faite pour moi. Le temps du vol, je réfléchis à la situation. Je ne peux pas rester vivre ici. À notre retour de Cancún, nous retournerons à Lille...

24
L'HOMME DE MA VIE

Je n'ai pas d'endroit où dormir. Nous allons chez ma mère, mais elle n'a pas de chambre disponible. Elle couche dans le salon avec les enfants. Je suis dans l'obligation de me rendre chez une copine qui me prête son appartement. C'est une vraie galère. Je finis tout de même par louer une grande maison en briques, pas très saine : elle est très humide. Elle est inhabitée depuis plusieurs mois. Quelle misère !

Je revois mes amis. Les bambins sont contents. Menzo fête ses quatre ans. Jérémy m'envoie de temps en temps des messages pour les anniversaires, mais ça ne va pas au-delà. Le 1er décembre 2018, je déménage, avec mon cousin et mes amis, l'appartement de Suresnes. Je participe également à une émission, *Incroyables transformations,* sur M6, avec Stéfania, une copine d'enfance. Je m'évade à Disneyland Paris avec Maëlla et Menzo... La journée est formidable. Je me suis habituée à ce nouveau rôle de maman célibataire.

Je me concentre énormément sur mon travail et mes posts Instagram.

Jérémy tente de revenir en me disant qu'il a fait une erreur. Pour se faire pardonner, il a rapporté de Mexico énormément de jolis cadeaux, que je refuse. J'accepte tout de même un dîner avec lui dans un bel hôtel de Lille, *L'Hermitage Gantois*.

En avril, Bruno me recontacte.

– J'ai envie de te revoir et de venir à Lille pour rencontrer ta famille. Je veux découvrir ton univers et savoir si nous pouvons construire quelque chose.

Je veux passer à autre chose. Et puis, j'ai une relation avec un autre garçon, rencontré quelques semaines auparavant à Barcelone. Un basketteur. Encore un. Décidément !

– Je ne préfère pas, je suis en couple.

Il semble choqué. Je veux conjurer le mauvais sort : peut-être qu'une nouvelle idylle m'aidera à avancer.

– Si tu ne souhaites pas que je vienne à Lille, préviens-moi, je ferai autre chose.

Sur Instagram, je réalise que ce week-end-là, il est à Londres avec une autre nana, une hôtesse de l'air. Le mec saute sur tout ce qui bouge. Impossible de lui accorder la moindre confiance.

J'arrête mon histoire avec l'autre basketteur. Ça ne colle pas entre nous. Je pars avec les enfants et une copine au Portugal. On s'amuse terriblement ! Je kiffe la vie de mère célibataire. Je profite de ces instants !

Je reviens faire un saut chez mon amie Vanessa en Italie pendant le mois d'août. On visite la ville de Florence, la tour de Pise, etc. Bruno insiste pour me revoir. J'accepte. Mais rien de plus, je ne veux plus d'histoire avec lui. Il évoque constamment le passé. Je prends conscience à quel point ça me fait du bien de me libérer de lui.

De retour à Lille, je commence à tourner dans l'émission *Mamans et célèbres*. En parallèle, ma marque fonctionne bien. Je me concentre à cent pour cent sur mes projets, sur ma famille et sur moi-même. Je suis une femme épanouie. J'existe ! Il était temps que je prenne soin de moi. Terminées, toutes ces histoires d'amour avec l'un et avec l'autre.

Pour mon anniversaire, je loue une grande villa à Marrakech avec toutes mes amies. C'est la première fois que j'arrive enfin à payer par moi-même sans être dépendante d'une tierce personne. Mon entreprise fonctionne très bien, je peux me le permettre. Je me sens libre, sans avoir besoin de quémander. Mes copines participent aussi financièrement, je ne peux pas tout assumer toute seule. J'ai pu, grâce à mon image, négocier des partenariats. C'est une superbe fête d'anniversaire avec cracheurs de feu, danses du ventre, shooting photo. Même Stéphanie Clerbois est venue... Avant d'arriver à Marrakech, j'ai passé une semaine avec une amie dans le désert. On entendait la nuit des chacals, un truc de ouf.

Le 31 janvier 2020, je tourne ma première publicité télévisuelle pour ma marque « Le Secret ». Je suis hyper fière. C'est un aboutissement ! Une semaine plus tard, j'ouvre jusqu'au 30 avril un stand au centre commercial Beaugrenelle, dans le XVe arrondissement de Paris. C'est la première fois que j'investis dans une boutique.

Depuis l'été 2019, Jérémy est revenu à Paris. C'est plus simple pour les enfants. Ces derniers sont paniqués par la situation du Covid-19. Jérémy vient passer la première semaine du confinement à Lille. Nous ne voulons pas attraper le virus : on préfère se confiner ensemble, en famille ! Jérémy et moi faisons chambre à part. Nous sommes séparés depuis longtemps, on n'est pas préparés à vivre cette situation et ce stress, enfermés dans la maison. Nous ne nous sentons pas à l'aise : on n'arrive pas à cohabiter. Un jour, au réveil, il se lève et me dit :

– Je m'en vais !

Il me quitte sans explication.

Les jours défilent et je suis contrainte d'arrêter mon stand à Beaugrenelle : le centre commercial ferme en raison de la pandémie. Je suis hyper triste. Mon investissement part en fumée : j'ai passé de grosses commandes pour alimenter le stand et, comme c'est annulé, je me retrouve avec de la marchandise sur les bras. Mais je garde le sourire.

Je demande régulièrement des nouvelles de Jérémy. Un jour, je me dis : « C'est stupide d'avoir gâché notre histoire alors qu'on ne s'est jamais fait vraiment de mal. Nous ne nous sommes jamais vraiment trompés, on a pris de mauvaises décisions, mais on ne s'est jamais manqué de respect. »

Début juillet, je souhaite rencontrer Jérémy pour en parler et crever l'abcès. On se donne rendez-vous dans un resto dans lequel nous avions l'habitude d'aller, *Le Chalet des îles*. Sans hésiter, je lui expose mon point de vue.

– Je me rends compte que l'herbe n'est pas plus verte ailleurs. On a connu d'autres personnes et on s'est rendus à l'évidence qu'on ne tombait pas amoureux ! Voilà mon problème : j'ai beau rencontrer des mecs qui semblent bien, mais je n'y arrive pas. Il y a sûrement une raison ! Mis à part toi, je ne vois pas ma vie avec quelqu'un d'autre. Le seul homme avec qui je suis moi-même, c'est toi.

Je joue cartes sur table. Jérémy réfléchit.

– Est-ce que tu es certaine de toi ? Je ne veux pas que tu recommences comme dans le passé.

– Oui, je suis sûre de moi !

À l'été, alors que je suis au volant de la voiture et Jérémy côté passager, je lui dis :

– Je veux être avec toi pour toujours.

Il me rétorque :

– J'ai couché avec une nana de la téléréalité.

Je pète un plomb. Prête à nous jeter dans le vide, j'accélère ! Jérémy prend le volant et met son pied sur le frein.

– Mais tu es complètement tarée ! Ce n'est pas vrai, je voulais simplement voir ta réaction et savoir si ça allait te toucher et si tu m'aimes vraiment.

Je suis en pleurs.

– Je n'ai peut-être pas les meilleures attitudes, les bonnes manières... Mais je t'aime.

Il me calme et on s'embrasse.

On commence à prévoir notre emménagement en Italie. Jérémy y retourne jouer, cette fois dans le club de Reggio de Calabre, la Reggina. Notre amour repart de plus belle. Officiellement, aux yeux de la presse, nous sommes de nouveau ensemble depuis le 3 octobre 2020. En réalité, ça fait un peu plus longtemps.

Je boucle trois valises et nous voilà en Italie. Je tire un trait sur mon passé : nous avons désormais totalement confiance l'un en l'autre. Quand on veut pardonner, on peut ! Il faut simplement le vouloir.

J'aime Jérémy, c'est l'homme de ma vie et le père de mes enfants. Je suis bien aujourd'hui. Je kiffe ma vie.

Un dernier mot

J'ai attendu trente-trois ans pour me décider à raconter mon histoire. Après trente ans, notre vision est différente. Cette écriture m'a permis d'extérioriser les sentiments lourds qui me pesaient depuis de longues années. J'avais envie de vider mon sac et de me livrer complètement, à cœur ouvert. J'avais besoin de raconter mon expérience de vie à toutes les nombreuses personnes qui me suivent depuis des années.

J'espère qu'à travers mon livre, beaucoup de femmes vont se retrouver. Je suis un être légèrement compliqué, et il faut me connaître pour me saisir. Grâce à cet ouvrage, j'aspire à être mieux comprise par ceux qui ont encore des doutes sur ma sensibilité et sur mon vécu.

Je remercie les personnes qui m'ont aidée à combler les trous de mémoire en m'envoyant d'anciennes photos ou des discussions archivées. Ce ne fut pas aisé de me replonger dans mon passé. J'avais envie de gommer certains moments, mais, malheureusement, ce n'est pas possible. L'important, c'est surtout d'en faire une force. Je pense qu'on ne guérit jamais de son enfance. Et il n'est pas simple de guérir de son passé en règle générale.

J'espère vraiment avoir conté toutes les étapes de mon existence comme elles se sont réellement déroulées. Si jamais je me suis égarée quelque part, ne m'en voulez pas. En tout cas, je les ai racontées comme moi je les ai vécues. Avec sincérité.

Je souhaite remercier particulièrement ma mère, sans qui je ne serais pas là. Elle a fait de moi ce que je suis devenue aujourd'hui. Je n'aurais jamais pu mener ce parcours sans elle. Je suis très fière de la façon dont elle m'a élevée et je suis désolée de lui avoir causé beaucoup de tort à cause de toutes mes bêtises. Je l'aime de tout mon cœur !

Ma vie est une addition de choix liés à la chance ou la fatalité... Du bonheur ou du malheur. L'existence sur Terre est unique ; nous ne sommes que de passage. Je suis heureuse de pouvoir laisser une trace du mien à travers ce livre.

Remerciements

Je tiens à adresser mes remerciements aux personnes suivantes :

À ma mère, pour ses inquiétudes. Surtout, j'espère que tu es fière de mon parcours ;

À Maëlla et Menzo. Grâce à vous, je suis devenue une maman responsable. Vous êtes mes plus belles réussites. Je serai toujours en accord avec vos choix de vie. Je vous aime tellement ! ;

À Jérémy. Tu as su me faire devenir une vraie femme. Certaines pages du livre ne vont pas forcément te plaire. Je te conseille juste de les tourner rapidement ou alors de les lire pour accepter le passé et ne pas faire comme si ça n'existait pas ;

À mon éditeur pour m'avoir accordé sa confiance et suivi dans cette aventure. Désolé pour le retard, qui a dû te générer beaucoup de pression. Merci à l'ensemble des éditions Hugo : sans vous tous, ce projet n'aurait jamais vu le jour ;

À mon coauteur, Pierre Pernez, pour sa patience ;

À mon entourage et à tous ceux et celles qui m'ont aidée à retrouver la mémoire ;

À toutes les personnes qui sont à mes côtés, de près ou de loin, chaque jour qui passe ;

À mon papy Dubois et à mon papy Nef Naf. Je vous adresse toutes mes pensées de lumière ;

À toutes celles et tous ceux que j'ai oubliés. J'ai la mémoire courte, je suis un désastre à ce niveau-là. Je souhaite remercier tout le monde, tout simplement.